O. B. Roegele / H. Beckmann

Warum unsere Kirchen leerer werden . . .

Otto B. Roegele / Heinz Beckmann

Warum unsere Kirchen leerer werden ...

Edition Interfrom AG · Zürich

Vertrieb für die Bundesrepublik Deutschland:
VERLAG A. FROMM, Osnabrück
ISBN 3-7201-5082-8
Einbandgestaltung: Waltraudt Ahrens
Gesamtherstellung:
DRUCKHAUS FROMM GmbH. & Co., Osnabrück

INHALT

DIE VERWIRRUNG
IN DER NACHKONZILIAREN KIRCHE 7
von Otto B. Roegele

Die Suche nach den Gründen 9
Die Kirche hat Selbstzerstörung betrieben 12
Verunsicherung geht auch von der liturgischen Praxis aus 15
Hat sich „nichts Wesentliches" verändert? 20
Die Kritik eines Bischofs 25
Wer viel unterwegs ist... 29
Fragen, die überlegt werden sollten 39
Der Fall Lefebvre als Signal 47
Rückkehr in die Kirchen? 49

HIMMLISCHE HEITERKEIT – ODER DIE
EVANGELISCHE VERKÜMMERUNG 58
von Heinz Beckmann

Die vollen Kirchen 61
Klingelbeutel und Sünden 68
Wo ist die Gemeinde? 72
Die Hauskirche 76
Unbewohnte Gotteshäuser 82

DIE VERWIRRUNG
IN DER NACHKONZILIAREN KIRCHE

Es bedarf gewiß keiner besonders geschärften Beobachtungsgabe, will man feststellen, wie es heute und hierzulande mit dem Besuch der Gottesdienste in katholischen Kirchen steht. Die Zahl der Teilnehmer an der Sonntagsmesse ist offensichtlich drastisch zurückgegangen, und sie scheint weiterhin zurückzugehen. Waren es 1950 im Bundesgebiet noch 50,5 v. H., so zählte man 1972 nur noch 32,4 v. H. sonntäglicher Kirchgänger. Diese Beobachtung gilt nicht nur für Großstädte, die Kirchen werden auch auf dem Lande und in Kleinstädten zusehends leerer, selbst in solchen Gebieten, die bisher im Ruf standen, daß sie besonders stabile Verhältnisse aufzuweisen hätten. So liegt für das Erzbistum Freiburg eine Statistik vor, die besagt, daß im Jahr 1968 noch 52 v. H. der zum sonntäglichen Gottesdienstbesuch verpflichteten Katholiken dieser ihrer Pflicht genügten, 1974 hingegen nur mehr 38 v. H. Der Rückgang von rund 14 v. H. hat sich also hauptsächlich in den letzten Jahren zugetragen. 1976 soll wieder eine leichte Zunahme verzeichnet worden sein, doch fehlt es darüber noch an genaueren Angaben.

Bedenkt man die Größenordnung, in der sich diese Entwicklung bewegt – 14 v. H., die nicht mehr zur Kirche gehen, das sind in absoluten Zahlen mehr als 3 Millionen –, so kann man sich nur darüber wundern, daß nicht längst eine lebhafte, ja leidenschaftliche Debatte über Ausmaß, Gründe und Ursachen dieser Krise des Gottesdienstbesuches im Gange ist. Man muß sich darüber um so mehr wundern, als diese Krise ausgerechnet jetzt im Gefolge des Zweiten Vatikanischen Konzils aufgetreten ist, das sich so klar und so bewußt die Erneuerung der Kirche, die Mehrung ihrer Anziehungskraft und, als Mittel dazu, die Verlebendigung der Liturgie zum Ziel gesetzt hatte. Von den fortschrittlichen Ergebnissen des Konzils ist ja auch überall die Rede; die unerfreulichen Tatsachen und Zahlen, die das positive Bild stören könnten, werden jedoch zumeist nicht erwähnt.

Nun kann und soll nicht alles, was in der nachkonziliaren Zeit an Gutem und Bösem in der Kirche manifest geworden ist, dem Konzil zugute gehalten oder angelastet werden. Der ursächliche Zusammenhang muß in jedem Einzelfall überprüft werden, und es wird in vielen Fällen von der Vermutung auszugehen sein, daß negative Entwicklungen weniger auf das Konzil selbst als auf Fehler, Mängel und Übertreibungen der nachkonziliaren Zeit zurückzuführen sind. Das, worauf es uns zunächst ankommt, ist etwas anderes: Die tatsächlich vorhandene Krise des Gottesdienstbesuchs wird bisher nicht so recht zur Kenntnis genommen, weil sie nicht ins Bild der vom Konzil erstrebten Erneuerung der Kirche paßt. Man schließt die Augen vor ihr und klammert sich an die Hoffnung, nach einer gewissen Zeit des Übergangs würden sich die segensreichen Früchte des Konzils schon noch einstellen. Bis dahin scheut man sich, über Fehlentwicklungen offen und selbstkritisch zu sprechen.

Soweit es sich um vorübergehende Schwierigkeiten, Randerscheinungen und Allzumenschliches handelt, mag eine solche Zuversicht ganz angebracht sein. Beim

Rückgang der Kirchenbesucherzahlen geht es aber um mehr und um anderes. Erfahrene Seelsorger wußten es schon immer – wir alle wissen es heute aus vielen soziologischen Untersuchungen, besonders aus den großen Synoden-Umfragen von 1971 –, daß es keinen besseren Indikator für die innere Bindung der Katholiken an die Kirche, ihre Glaubenslehre, ihre sittlichen Vorschriften und ihr institutionelles Gefüge gibt als den Gottesdienstbesuch. Was die soziologischen Analytiker unter den Oberbegriff „Kirchlichkeit" fassen, ebendiese gewußte und praktizierende Zugehörigkeit zur Kirche, das drückt sich am signifikantesten aus in der Häufigkeit und Regelmäßigkeit des sonntäglichen Kirchgangs. Schon deshalb hat der Auszug aus dem Sonntagsgottesdienst den Charakter eines Alarmsignals, das nicht überhört und nicht so gelassen hingenommen werden dürfte. Darauf mit gebührender Dringlichkeit aufmerksam zu machen, ist die primäre Absicht dieser Darlegungen, nicht Kritik an der Liturgiereform des Konzils, nicht Klage und nicht Anklage.

Die Suche nach den Gründen

Geht man auf die Suche nach Meinungen über die Gründe für die schwindende Teilnahme am Sonntagsgottesdienst, so begegnet man häufig der Auffassung, es sei eine unvermeidliche Folge der allgemeinen Verweltlichung, der inneren Säkularisierung, der Entlassung aus den traditionellen Bindungen der dörflichen und kleinstädtischen Gemeinde, wenn die Leute nicht mehr so oft in die Kirche gehen. Dahinter versteckt sich oft die Haltung einer fatalen Resignation, die Maxime: Dagegen kann man nichts machen.

Aber ist es wirklich so? Ist etwa das religiöse Bedürfnis schwächer geworden? Kommen immer mehr Leute ohne überweltliche Bindung aus? Ist der kultische Vollzug, ist das religiöse Erlebnis nicht mehr „gefragt“? Hat unsere Zeit kein Gespür mehr für Transzendenz? Bedeutet Gottesdienst für die Zeitgenossen nichts mehr?

Man braucht sich nur ein wenig umzuschauen in unserer Welt, um das genaue Gegenteil feststellen zu können. Noch nie war das Wort Meditation so sehr in aller Munde wie heute. Noch nie waren übersinnliche Phänomene und Erklärungsangebote so gefragt wie heute, vom Horoskop bis zur Parapsychologie („Psi“). Noch nie haben höchst weltliche Instanzen sich zu ihrer Selbstdarstellung so ungeniert und so erfolgreich des kirchlich-religiösen Formenbestandes bedient wie heute – die Eröffnung der Winterolympiade in Innsbruck z. B. war eine einzige pseudoreligiöse Lichtkultfeier, in der ein Religionswissenschaftler leicht die einzelnen Elemente heidnischer und christlicher Herkunft aufweisen könnte.

Die Behauptung, das Bedürfnis nach Religion, nach Bindung und Verbindung des eigenen kleinen, brüchigen Menschseins mit höheren Mächten sei im Schwinden, erfährt auch von anderer Seite eine Widerlegung:

Wir stehen beklommen und ratlos vor der Tatsache, daß immer mehr Menschen in unserer Gegenwart mit sich selbst nicht mehr fertig werden, daß sie in Depression versinken, von Selbstmordgedanken nicht loskommen, psychiatrischer und psychotherapeutischer

Behandlung bedürftig werden. Nach Auskunft Victor E. Frankls gaben vier Fünftel der von ihm untersuchten amerikanischen Studenten, die einen Selbstmordversuch unternommen hatten, aber rechtzeitig entdeckt und gerettet wurden, als Grund ihres Verzweiflungsschrittes an, sie hätten nicht gewußt, wozu sie auf der Welt seien, das Leben habe keinen Sinn mehr für sie gehabt, es sei wertlos geworden. Dieser Befund spricht gegen die Hypothese vom Verlöschen oder Schwächerwerden des religiösen Bedürfnisses. Er beweist etwas ganz anderes: Das religiöse Bedürfnis ist nach wie vor da, es bohrt und drängt, aber viele Menschen finden auf die Fragen ihres Herzens keine zufriedenstellende Antwort bei den etablierten Kirchen. Auch die katholische Kirche, so scheint es, ist weithin nicht mehr imstande, den Zeitgenossen den Eindruck zu vermitteln, daß sie um den Sinn des Ganzen weiß, daß sie ein Angebot zu machen hat, das auch dem individuellen Leben Rang und Inhalt verleiht. Der Erfolg mancher Sekten, die epidemische Ausbreitung von psychagogischen Praktiken wie der sogenannten Gruppendynamik, die weltweite Ausdehnung einer zumindest in mancher Hinsicht problematischen Erweckungsbewegung, wie es die der „Pfingstler" ist, weisen in die gleiche Richtung.

So muß die Frage nach den Gründen neu gestellt und zugleich präzisiert werden: Wenn es zutrifft, daß das religiöse Bedürfnis nicht seltener und nicht schwächer geworden ist; wenn es zutrifft, daß das Heilsangebot der Kirche trotz der Bemühungen des Konzils nicht leichter, sondern schwerer unter die Leute gebracht werden kann; wenn es zutrifft, daß selbst die einst für die Kirche Gewonnenen in lautlosem Exodus aus dem Gotteshaus ausziehen – woran mag das liegen, was sind die Gründe für diese erschreckende Entwicklung?

Die Kirche hat Selbstzerstörung betrieben

Auf der Suche nach Antworten auf diese Frage stoßen wir auf einen Sachverhalt, der freilich der alteingewurzelten Vorstellung von der großen pädagogischen Erfahrungsweisheit der Kirche ernstlich Abbruch tut: Früher war es jedem Schulkind geläufig, daß es für einen Katholiken Pflicht ist, am Sonntag in die Kirche zu gehen, am Freitag kein Fleisch zu essen und während der Fastenzeit werktags nur *eine* sättigende Mahlzeit zu sich zu nehmen. Die Ausnahmen waren genau festgelegt. Während Kriegs- und Notzeiten gab es Sondererlaubnisse, aber sie mußten eigens in Rom eingeholt werden. So kurios bis komisch sich manche Einzelbestimmungen anhören mochten – man hatte klare Vorschriften, und wer sich nicht nach der Vorschrift richtete, wurde zwar nicht bestraft, aber er wußte, daß er sündigte.

Nach dem Zweiten Weltkrieg, während des Konzils und danach mehrten sich die Stimmen, die solche kirchlichen Vorschriften als hinderliche Formalismen in Acht und Bann taten; die Kirchengebote wurden nicht in ihrer alten Strenge wiederaufgerichtet. Während in den Wohlstandsländern das Schlankheitsfasten zu einem allgemein geübten, gelegentlich gefährlichen Gesellschaftsspiel wurde und „Übergewicht" in der Rangliste der lebens- und gesundheitsbedrohenden „Risikofaktoren" an die Spitze rückte, verzichtete die Kirche ohne Not auf das Gebot des Fastens aus religiösem Antrieb und ersetzte es durch die Empfehlung eines (in der Regel wohl materiell gedachten) „Fastenopfers". Und während das Fischessen sich mit Hilfe der neuen Kühlsysteme auch im tiefsten Binnenland überall ausbreitete, gestattete die Kirche das Fleischessen auch am Freitag, wiewohl mit der vagen Maßgabe, der katholische Christ möge sich dafür ein anderes Opfer auferlegen.

Gewiß, die klaren, einfachen und handfesten Regeln für Freitag, Fastenzeit und Gottesdienstpflicht konnten eine kleinkarierte Werkgerechtigkeit begünstigen. Aber lange bevor diese Gefahr auftrat, bewirkten sie etwas ganz anderes: Sie vermittelten dem katholischen Christen das Bewußtsein, einer sichtbaren, erlebbaren Gemeinschaft anzugehören, die durch sinnvolle Gewohnheiten zusammengehalten wurde, die weltweit gültigen Gesetzen gehorchte und deren Mitglieder einander an bestimmten Gepflogenheiten erkennen konnten; sie lehrten wenigstens die Anfangsgründe einer gewissen Askese, eines zeitweiligen leiblichen Verzichts um ideeller Güter willen, eines freiwilligen Verzichts auch um den Preis des Belächeltwerdens; wer diese Gebote hielt, bekannte sich damit zu der Kirche, die sie ihm auferlegt hatte; somit war auch die Einübung in ein Sozialverhalten mitgegeben, das ein öffentliches Glaubensbekenntnis nicht scheut.

Im Hitler-Staat haben viele gläubige Christen Nachteile auf sich genommen, weil sie ihre Anhänglichkeit an die Kirche durch den Besuch des Gottesdienstes bekundeten. In den kommunistisch regierten Staaten ist es bis heute so. Wer Beamter ist, wer im öffentlichen Leben steht, wer irgendwie vom Wohlwollen der Behörden abhängt, kann nur heimlich zur Kirche gehen, womöglich außerhalb seines Wohn- und Arbeitsortes, wo man ihn nicht kennt.

Nun ist in den letzten beiden Jahrzehnten die verpflichtende Kraft des Sonntagsgebots ins Zwielicht geraten. Es sei, so hieß es, für das Heil der Seele nicht unbedingt notwendig, dieses Gebot streng einzuhalten. Die Christen der ersten Jahrhunderte hätten es in dieser Form nicht gekannt. Große Heilige seien jahrelang den Mitmenschen und auch dem Gottesdienst ferngeblieben, um Gott in der Einsamkeit nahe zu sein.

Wer von derlei theoretischen Erwägungen nichts erfuhr, hatte Gelegenheit, eine Praxis kennenzulernen, die ebenfalls die Sonntagspflicht aushöhlte: In manchen Gemeinden traten Wortgottesdienste an die Stelle der üblichen Sonntagsmesse, in anderen Gemeinden nahm der nun „Eucharistiefeier" genannte Gottesdienst Formen an, die es schwermachten, ihn mit der gewohnten Sonntagsmesse, auf die sich das Kirchengebot bezog, zu identifizieren. Mancher mußte sich denken: Wenn es offenbar schon erlaubt ist, statt der Sonntagsmesse eine „ökumenische Gebetsstunde" oder einen „Wortgottesdienst", womöglich mit Lesungen aus bisher nicht kirchenüblichen Autoren wie Bertolt Brecht, Karl Marx oder Camilo Torres, zu besuchen – dann kann es ja auch nicht unstatthaft sein, die Sonntagsmesse durch einen Waldspaziergang mit still gebetetem Vaterunser zu ersetzen.

Die deutschen Bischöfe haben inzwischen eindringlich auf die Fortgeltung des Sonntagsgebotes hingewiesen.

Sie haben auch keinen Zweifel daran gelassen, daß es nur durch Teilnahme an einer vollständigen Eucharistiefeier erfüllt werden kann. Das ist aber recht spät geschehen, und jahrelang wurden Praktiken toleriert, die entgegengesetzte Auffassungen ermutigten. So darf man sich nicht wundern, wenn die neuerliche Einschärfung der Sonntagspflicht von manchen Geistlichen nur halben Herzens weitergegeben, von vielen Betroffenen mit ungläubigem Staunen vernommen und von manchen als unerwünschter Disziplinierungsversuch entschieden abgelehnt wird.

Verunsicherung geht auch von der liturgischen Praxis aus

Nun sind es aber nicht nur Zweifel bezüglich der Strenge der Verpflichtung des Sonntagsgebots, was Laxheit bei seiner Erfüllung begünstigt. Mancher Theologe und Kirchenmann dürfte ohnehin geneigt sein, die Erfüllung dieses Gebotes um des Gebotes willen nicht für verdienstlich und somit gar nicht für wünschenswert zu halten. Wer nicht aus Freude in die Kirche geht, sondern nur deshalb, weil es vorgeschrieben ist, der sollte dieser Ansicht zufolge lieber draußen bleiben. Da und dort hat sich eine Art Kleingruppenbegeisterung entwickelt, die zuweilen nicht ganz frei von elitären Empfindungen und einer „Wir-wollen-unter-uns-bleiben“-Mentalität zu sein pflegt.

Bedenkenswert ist jedenfalls, daß offensichtlich viele Katholiken die Freude am Kirchgang verloren haben. Den Ursachen hierfür nachzugehen, erscheint besonders angebracht, nachdem das Zweite Vatikanische Konzil nichts nachdrücklicher gewünscht hat, als daß die mitbetende und mitfeiernde Teilnahme der Gläubigen an der Liturgie erleichtert und verstärkt werde. Daß gerade auf diesem Hauptzielgebiet der Konzilsarbeit in unserem Lande (wie überhaupt in Mitteleuropa) ein so dramatischer Rückgang eingetreten ist, zwingt zu schonungsloser Untersuchung, auch auf die Gefahr hin, daß die Untersucher mißverstanden und der Neigung zu „zersetzender Kritik" beschuldigt werden.

Viele Katholiken gehen nicht mehr gern in den Gottesdienst, weil sie mit den neuen liturgischen Formen einfach nicht zurechtkommen. Es hat sich in ihren Augen zu viel verändert, man hat ihnen die Änderungen nicht rechtzeitig verständlich gemacht, die Gründe nicht erklärt, man bereitet sie auf weitere Änderungen nur in allgemeinen Wendungen oder gar nicht vor, sie kennen sich nicht mehr aus, sie wollen sich nicht immer wieder neu überraschen lassen.

Offenbar sind bei der praktischen Durchführung der Liturgiereform zwei schwerwiegende Fehler begangen worden: Die Neuordnung ist von oben verfügt, nicht aber dem Volk hinreichend erläutert worden; außerdem ist zuviel auf einmal geändert, zuviel Umstellungsfähigkeit gefordert worden. Hinzu kam noch, daß die neuen Texte, ohne die ein gedanklicher Mitvollzug, geschweige denn ein lautes Mitbeten und Mitsprechen unmöglich sind, viel variabler, komplizierter und in Gebetbüchern schwerer auffindbar sind als die früheren. Dazu sind die Textbücher bruchstückweise erschienen, die Fragmente und Vorläufer mußten der Reihe nach angeschafft werden, sie kamen oft erst im letzten Moment vor der vorgeschriebenen ersten Anwendung, jetzt stehen sie einander im Weg, konkurrieren miteinander und verwirren durch ihre Textverschiedenheiten.

Das bisher Gesagte bezog sich auf die geordneten Verhältnisse einer leidlich funktionierenden Gemeinde, in der nichts Notwendiges versäumt wurde. Viele Katholiken haben jedoch noch ganz andere und weit schlimmere Erfahrungen machen müssen. Nicht nur in Studentengemeinden und bei Kindergottesdiensten wurden selbstverfertigte Riten praktiziert, die eher von klerikaler Willkür als von Gehorsam gegenüber den Konzilsbeschlüssen Zeugnis ablegten. Die Freizügigkeit, die für die Auswahl und Zusammenstellung von Texten für den Wortgottesdienst gewährt wurde, verführte manche Priester dazu, sich eigene Formen und Formeln auch für den Kanon auszudenken, ja sogar die Einsetzungsworte – wie es so schön heißt – „situationsgerecht“ abzuwandeln. Manche hielten sich dabei an gedruckte Vorlagen, die rasch und zahlreich aus dem Boden schossen, teils mit, teils ohne kirchliche Erlaubnis, häufig mit dem Segen diözesaner Seelsorgeämter, die damit ihre Fortschrittlichkeit beweisen wollten.

Jahrelang war es selbst dem aufmerksamen und gründlich vorbereiteten Kirchgänger nicht möglich, sich zu vergewissern, inwieweit der Gottesdienst, in den er da geraten war, den kirchlichen Vorschriften entsprach, denn er besaß ja die dafür notwendigen Texte nicht. Dann kamen diese Texte, zunächst nur für die Sonntage eines der drei Lesejahre, aber sie zeigten zum Teil erhebliche Abweichungen vom lateinischen Original, und sie waren auch sprachlich so unbefriedigend, daß manche Priester sich veranlaßt sahen, sie auf eigene Faust zu verbessern. Kaum hatten sich Klerus und Volk an diese Texte einigermaßen gewöhnt, erschienen die vorderhand endgültigen Fassungen, auch sie noch mit manchen selbst für Nichtphilologen leicht erkennbaren Unstimmigkeiten gegenüber dem lateinischen Original, mit modischen-ephemeren Sprachwendungen und, was die Lesungen aus der Heiligen Schrift angeht, mit sinnentstellenden Übersetzungsfehlern.

Nun wurde aber nicht allein eine neue, variationenreiche Liturgie eingeführt, von der Papst und Bischöfe selbst zu glauben scheinen, daß sie sich nicht aus eigener Kraft gegen die bisherige, die sogenannte „tridentinische Messe" wird durchsetzen können; was hätte sie sonst bewogen, diese vier Jahrhunderte lang auf der ganzen Erde gültige Liturgie gegen alle kirchenrechtliche Gewohnheit einfach zu verbieten? Nein, man hat es für richtig gehalten, zu gleicher Zeit die Riten für die Spendung der Sakramente zu ändern, man hat beschlossen, eine neue Bibelübersetzung mit einer neuen Schreibweise der biblischen Eigennamen herauszubringen und ein neues, für das ganze deutsche Sprachgebiet einheitliches Gesangbuch einzuführen. Die alte Erfahrung, daß man nicht alles auf einmal, sondern nur das eine nach dem anderen unter die Leute bringen darf, wenn man nicht Verwirrung stiften will, wurde nicht beachtet.

Zudem hat die Eile den Ergebnissen geschadet. Das neue Gesangbuch ist alles andere als ein großer Wurf. In der Zwitterhaftigkeit seiner Anlage zeigt sich die Unentschlossenheit seiner Auftraggeber, ob sie die Zukunft der Kirche eher in der „Volkskirche" oder in der „Entscheidungskirche" sehen sollen. Wertvolles altes Liedgut wurde geopfert, um angeblich Zeitgemäßeres aufnehmen zu können, das aber, bei Licht besehen, weit eher die geistige Stimmung der Jugendbewegung und der Unterdrückungsjahre im Hitler-Staat als das Lebensgefühl von heute wiedergibt. An vielen Stellen wurden Worte und Noten verändert, ohne daß zwingende Gründe erkennbar wären, jedoch mit der Folge, daß die Gemeinden auf Jahre hinaus mißtönig-mehrstimmig sich auseinandersingen und in Konflikt mit dem Organisten geraten werden. Die meisten Gemeinden sind schon jetzt nicht mehr sonderlich sangesfreudig. Werden sie nun das Singen noch weiter verlernen?

Die Wiederentdeckung der Liturgie, ihrer formenden und bindenden Kraft, ihrer geheimnisvollen Bedeutungstiefe und ihrer hohen ästhetischen Schönheit, die sich in den zwanziger und dreißiger Jahren bei uns vollzog und die wesentlich dazu beitrug, daß der Kirchenkampf des Dritten Reiches mit einer Mehrung der inneren Kraft der Kirche überstanden werden konnte, diese Wiederentdeckung der Liturgie war damals keine Angelegenheit der Amtskirche, sie geschah nicht auf dem Verordnungswege, sie ging von einigen monastischen Zentren wie Solesmes, Beuron und Maria Laach aus, sie erfaßte zunächst die Gebildeten, dann die Jugend und den jungen Klerus; sie kam also aus dem Kirchenvolk selbst und eroberte sich Gemeinde um Gemeinde. Der Name Romano Guardini ist untrennbar mit ihr verbunden. Es ist kein Zufall, sondern ein schmerzhaftes Symptom der Andersartigkeit der Bedingungen, unter denen jetzt die neue Liturgie eingeführt und praktiziert wird, daß von Guardini kaum mehr jemand spricht.

Die Vielzahl und Vielfalt der Neuerungen und die unglückliche Gleichzeitigkeit, mit der sie eingeführt und eingeübt werden sollen, das ist es, was für viele – und oft gerade die treuesten Kirchgänger – den heutigen Gottesdienst allzuweit abrückt von dem, der ihnen von Kind an vertraut ist, mit dem sich alle ihre religiösen Erinnerungen und Erfahrungen verbinden, den sie liebgewonnen haben, in dem sie sich zu Hause geborgen wußten. Viele von ihnen fühlen sich zu alt, um noch eine andere Weise der gottesdienstlichen Praxis zu erlernen. Viele haben sich einfach deshalb zurückgezogen, weil sie das Verschwinden, das Verbot, die Unterdrückung der früheren Riten und Andachtsformen ungerecht und lieblos finden, weil sie glauben, man habe ihnen die geistige Heimat genommen.

Hat sich „nichts Wesentliches" verändert?

Nun wird von den Verteidigern der liturgischen Neuordnung, wie sie hierzulande praktiziert wird, vor allem das Argument gebraucht, es habe sich im Grunde gar nicht viel geändert, das Wesentliche sei erhalten geblieben, die neuen Formen brächten die alten, nach wie vor vorhandenen Inhalte nur deutlicher zum Ausdruck, machten sie durchsichtiger und verständlicher.

Dieses Argument steht in einem gewissen Widerspruch zum Verbot der alten Meßordnung; wenn diese sich so wenig von der neuen unterscheidet, wie behauptet wird, kann ihre Weiterverwendung ja nicht gut untersagt werden. Viel wichtiger ist aber, daß dieses Argument allenfalls Liturgiewissenschaftlern einleuchtet, denen die historische Entwicklung der Texte und liturgischen Formen von den Zeiten des frühen Christentums an bis heute gegenwärtig ist, die auch die vortridentinischen Verhältnisse kennen und die genau zu unterscheiden vermögen zwischen dem, was von alters her überliefert wurde, und dem, was neu hinzugekommen ist. Für den einfachen Christenmenschen, dem Motive, Ziele und Einzelheiten der heutigen Neuordnung nicht geduldig erklärt werden, sieht die Sache ganz anders aus. Für ihn hat sich *sehr viel* verändert. Schon der schlichte Vergleich zwischen dem, was der Priester am Altar spricht und tut, und dem, was der Kirchenbesucher in einem vorkonziliaren Gebetbuch nachlesen kann, zeigt ihm, daß kaum *ein* Bestandteil der Meßordnung wirklich gleich geblieben ist, von den Lesungen des Wortgottesdienstes ganz zu schweigen.

Auch das Argument, daß das Erste Hochgebet im wesentlichen identisch sei mit dem Kanon der „tridentinischen Messe“, verliert ein Stück seiner Überzeugungskraft angesichts der Tatsache, daß dieses Erste Hochgebet in der Praxis nur selten verwendet wird. In den letzten Jahren hat sich das Zweite Hochgebet im Gemeindegottesdienst fast überall durchgesetzt; es wird ja auch im Einheitsgesangbuch „Gotteslob“ als Regelfall verwendet; es ist das kürzeste und einfachste; es ist am leichtesten zu lernen, und es läßt am meisten Zeit für Begrüßung, Predigt und Schlußverkündigung, woran vielen Geistlichen besonders gelegen zu sein scheint.

Man darf auch nicht vergessen, wieviel sich im äußeren Ablauf der gottesdienstlichen Handlung geändert hat, an den sinnlich wahrnehmbaren Vorgängen, in der Dramaturgie des Gottesdienstes. Der Altartisch wurde von seinem alten Platz weggerückt, der Priester zelebriert nun mit der Blickrichtung zum Volk hin, er hält sich nicht während der gesamten Meßfeier am Altar auf, sondern links, rechts oder hinter dem Altar, er steigt zur Predigt nicht mehr auf die Kanzel, sondern bleibt am Lesepult oder am Altar stehen und behält das Meßgewand an, wenn er den Texten der Heiligen Schrift seine eigene Ausdeutung hinzufügt. Auch die Austeilung der Kommunion geschieht in anderen Formen.

Man kann es niemandem verübeln, wenn er aus diesen vielen und in ihrer Absicht wie in ihrem Symbolgehalt keineswegs nur nebensächlichen Änderungen den Schluß zieht, die heutige Liturgie sei nicht mehr dieselbe wie die Liturgie der früheren Zeit.

Mit dieser Einräumung des Verständnisses für das Fremdheitsgefühl vieler Katholiken gegenüber den neuen liturgischen Texten und Gebräuchen ist nichts gesagt gegen die neuen Formen selbst. Der Punkt, auf den es hier ankommt, ist die Unhaltbarkeit der immer wieder verbreiteten Behauptung, es habe sich eigentlich nichts Wesentliches geändert, woraus man wohl schließen soll, daß Kritik an der Neuordnung unberechtigt, das Verlangen nach Begründungen unverständlich sei. In Wirklichkeit hat sich sehr viel geändert, in der *Praxis* der Gemeindegottesdienste noch mehr als im *Wortlaut* der Vorschriften und Anweisungen.

Dazu gehört vor allem, daß ein ganz neues Element die Vorherrschaft gewonnen hat: der *Subjektivismus* der Gestaltung. Zu den Charakteristiken der katholischen Liturgie gehörten bisher die durch keine persönliche Vorliebe oder Stimmung zu beeinflussende, auch von nationalen Besonderheiten nur am Rande berührte *Objektivität* und verläßliche Gleichförmigkeit in Struktur und Durchführung. Die heilende und tröstende Kraft der Meßfeier hatte gerade hierin einen ihrer wichtigsten Gründe. Ob ein Mensch von Trauer heimgesucht wurde, ob er in einer Lebenskrise steckte, ob er mit Problemen fertig werden mußte, die seine Kräfte zu übersteigen drohten, ob Freude und Jubel ihn erfüllten – in jedem Fall konnte er gewiß sein, in der Heimat, in der Fremde, in fernen Ländern, überall der gleichen Liturgie, den gleichen Texten, der gleichen Kulthandlung zu begegnen, die sein persönliches Schicksal überstieg, aufhob und hineintrug in den Gebets- und Lebensstrom der ganzen Kirche, vor das Angesicht Gottes, der in die Herzen schaut.

Heute ist das anders. Heute beginnt der sonntägliche Gottesdienst nicht mit den feststehenden Psalmworten des Staffelgebets, sondern mit einer mehr oder weniger persönlich gehaltenen Begrüßung, zuweilen mit recht überflüssigen, manchmal peinlich banalen Mitteilungen über das schöne Wetter, die letzten Radiomeldungen oder jüngste Gemeindeereignisse, im besten Falle mit einer Hinführung auf die Texte des Wortgottesdienstes. Ebenso muß die Neuordnung des letzten Teils der Meßfeier als mißglückt bezeichnet werden. Wer nur eine leise Ahnung von den ästhetischen Notwendigkeiten eines befriedigenden Schlusses hat, kann sich leicht erklären, weshalb die Aufmerksamkeit hier oft so deutlich absinkt, die Beteiligung gleichsam ausfranst, die Meßfeier zuweilen in gestaltlosem Sichverkrümeln endet.

Wird schon die – vielerorts eingeführte – Sitzpause nach der Kommunion von vielen als unerträgliche Dehnung empfunden, so können die allzu kurzen Gebetstexte des Schlusses das Gewebe des Ganzen nicht mehr zusammenhalten, weil sie, unmittelbar vor dem Segen, noch einmal durch Gemeindeverkündigungen unterbrochen werden, zumal wenn der Geistliche auch diese Gelegenheit zu persönlichen Kommentaren und Ermahnungen benutzt, wenn er in kaum verändertem Tonfall zum „Altenkaffee mit Kuchen" einlädt, die verbilligten Fahrkarten zum Ausflug des Müttervereins anpreist und dann im gleichen Atemzug und in gleicher Stimmlage den Segen erteilt.

Gewiß, es mag paradox gewesen sein, daß früher am Schluß des Gottesdienstes ausgerechnet ein Prolog gelesen wurde, der Prolog des Johannesevangeliums. Aber immerhin war dies ein großer, inhaltlich wie sprachlich bedeutungsvoller Text, der zudem einige zentrale Glaubenswahrheiten rekapitulierte. Er mag für viele schwer verständlich gewesen, von vielen infolge der Gewöhnung nicht mehr zureichend beachtet worden sein; jedenfalls setzte er einen monumentalen Schlußstein. Die heute praktizierte (möglicherweise nicht so gewollte, nicht so vorhergesehene) liturgische Formgebung bringt eher die gestalterische Unfähigkeit ihrer Urheber als die Entlassung in die Weltaktivität zum Ausdruck. Man fragt sich bei solchem Vergleichen, ob sich unsere Generation nicht maßlos überschätzt, wenn sie einen so weittragenden Beruf zur Neuordnung der Dinge für sich in Anspruch nimmt.

Die Kritik eines Bischofs

Daß das Unbehagen an der subjektivistischen „Ausgestaltung" von Anfang und Schluß der Meßfeier nicht auf ästhetischer Überempfindlichkeit beruht, macht ein Abschnitt aus dem Brief deutlich, den Erzbischof Dr. Hermann Schäufele am Gründonnerstag 1976 an den Klerus seiner Diözese geschrieben hat. Es heißt darin:

„Eine besonders läppische Art des überflüssigen Wortemachens hat sich mancherorts am Beginn und am Ende der sonntäglichen Meßfeier eingestellt. So hilfreich es sein kann, daß die Liturgiereform im Eröffnungsteil der Messe die Möglichkeit geschaffen hat, nach der liturgischen Begrüßung des Altars und der Gemeinde eine kurze frei formulierte Einführung in die Feier des Tages zu geben und zum Schluß der Messe noch Hinweise folgen zu lassen, die für das Pfarrleben Bedeutung haben, so haben solcherlei ‚monitiones' ... doch immer nur insoweit ihre Berechtigung, als sie das Klima, das der Eucharistiefeier eigen bleiben muß, nicht stören, sondern fördern. Störend und fehl am Platze wirkt jedenfalls oft die Art und Weise, wie mancher Zelebrant an die Stelle der von ihm erwarteten ‚mystagogischen' Einführung eine ‚persönliche Begrüßung' mit verbürgerlichten, oft plump-betulichen Alltagsworten oder eine umständlich sich bedankende, ‚mit den besten Wünschen für ein erholsames Wochenende' sich empfehlende Verabschiedung setzen zu müssen glaubt. Hier entsteht für die Teilnehmer leicht der Eindruck, als sei der Sonntagsgottesdienst der Gemeinde nichts anderes als ein Service-Angebot der

Pfarrgeistlichkeit. Solcherlei auch nur von ferne an geläufige Formen von ‚Kundendienst und -werbung' erinnerndes Gebaren sollte baldmöglichst aus dem Erscheinungsbild der erneuerten Liturgie verschwinden. Die Sonntagsfeier einer christlichen Gemeinde muß jedenfalls in ganz anderen Tiefen verwurzelt werden; sie verlangt nach ‚An-dacht', Ehrfurcht, Gebetsatmosphäre."

Dieser bischöflichen Abrechnung mit pseudoliturgischen Praktiken ist nichts mehr hinzuzufügen. Überhaupt verdient das Schreiben an den Klerus des Erzbistums Freiburg mehr öffentliche Beachtung, als ihm bisher zuteil wurde. Es tritt mit allem Nachdruck für die erneuerte Liturgie ein, verteidigt sie gegen ihre Kritiker (vor allem von der traditionalistischen Seite), weist aber auch mit großer Eindringlichkeit auf Mißverständnisse und Mißbräuche hin, die das Reformwerk gefährden.

In einer „selbstkritischen Bilanz der Erfahrungen und Erwartungen" wird eine wohlabgewogene Antwort versucht auf die Frage: „Haben sich die modernen Forderungen nach stetig fortschreitender Anpassung, die Erwartungen neuer Erlebnisse, die Sucht nach immer rascherem Wechsel von Texten und Formen, hat sich all das für unseren Gottesdienst, wie ihn die Menschen, auch die von heute, brauchen und sich wünschen, wirklich als tragfähige Grundlage erwiesen?"

Freimut und Offenheit zeichnen den Brief aus. Gerade weil er von dem festen Willen getragen wird, der neuen Liturgie zum Durchbruch zu verhelfen, sie gegen falsche Anschuldigungen zu verteidigen und für sie zu werben, auch bei solchen Kirchgängern, die ihr

Herz an die hergebrachten Formen und Texte gehängt haben, wirken jene Abschnitte des Briefes, die sich mit Fehlentwicklungen beschäftigen, um so eindrucksvoller. Von „Kinderkrankheiten" möchte der bischöfliche Verfasser in diesem Zusammenhang eigentlich nicht sprechen, denn das „unschuldige Stichwort Kinderkrankheit darf nicht zur Verharmlosung dieses leidvoll erfahrenen Zustands beitragen". Nachdem er die „Ansteckungswelle der sogenannten ‚Entsakralisierung'" (daran Erkrankte gehen z. B. „dem Ersten Eucharistischen Hochgebet hartnäckig aus dem Weg") erörtert hat, analysiert er den „Kult der Nüchternheit" und seine fatalen Folgen: „Unter bewußter Zurücksetzung von Gesang und Chormusik wurde ungeachtet des jahrhundertealten Brauches des sonntäglichen ‚Hochamtes' die ‚Feier' der Eucharistie nahezu ausschließlich und immerzu unter die auf die Dauer lebenerstikkende Vorherrschaft der Sprechstimme (oft genug des Zelebranten allein) gezwungen. Hier ist . . . eine Atmosphäre der ‚Verschulung' entstanden, in der nichts mehr vom erquickenden ‚Odem des Geistes' spürbar ist. Manch einer kann sich, wie es scheint, Liturgie in der Muttersprache nur als einen ‚Lernprozeß' vorstellen . . . Besonders ärgerniserregend ist solcherlei am falschen Platz angewandte pastorale ‚Didaktik', wenn sie sich der im modernen Diskussionsjargon beliebten Methode des angriffslustig provozierenden ‚Schockierens' bedient. So verraten sich die mancherorts üblich gewordenen ‚selbsterarbeiteten' Fürbitten, die eher hochtönenden Programmerklärungen gleichen als echte Gebetsintentionen darstellen."

Der Erzbischof von Freiburg weiß und spricht ohne

Umschweife davon, daß „viele Gläubige mehr oder weniger bewußt gelitten haben und noch leiden" unter einer „besonders abstoßenden und zunehmend Ärgernis erregenden Wortmacherei", der man „selbstkritisch, ehrlich und entschieden" den Abschied erteilen muß: „Es sind die vielerlei wechselnden und neutönerisch wortreichen, selbstgemachten oder von einem kommerziell sehr florierenden Büchermarkt bezogenen illegalen ‚Canones', ‚Motivmessen' und ‚Gottesdienstmodelle'. Es bleibt beschämend, daß auf dieser überschäumenden Welle von willkürlich produzierten Texten manche geglaubt haben, mit solchen ‚Hilfen' liturgische ‚Spontaneität' und ‚Kreativität' beweisen zu können, alles unter dem Motto: Weg vom traditionellen, gleichförmigen Ablauf der Messe! Wir schaffen uns selbst eine ‚neue Liturgie', die beim Menschen von heute ‚ankommt'. Bei dem Ausmaß, das diese Verwirrung mitsamt der inzwischen spürbar gewordenen Abnutzung gerade solcher ‚Texte' erreicht hat (ohne daß die Bischöfe gegen den neuen Wirtschaftszweig und seine Werbungspraktiken wirksam etwas ausrichten konnten), hätte man darin schon längst ein wirklich bedenkliches Krankheitssymptom im liturgischen Leben ‚praeter et contra legem' erkennen müssen. Diese ganze irregeleitete ‚Praxis' wäre auf die Dauer imstande gewesen, durch die darin betriebene eigenwillige Indoktrinierung den Glauben selbst (lex orandi – lex credendi) auszuhöhlen, so wie bereits nicht zuletzt die konfraternelle Solidarität der gemeinsamen Pastoral (infolge der auffallend starken Unterschiede von Kirche zu Kirche selbst innerhalb ein und derselben Stadt) zum Ärger der Gläubigen ... gelitten hat. Hier hatten sich schon bedenkliche Formen eines abstoßenden Neoklerikalismus herausgebildet. Über welche Mittel, mußte sich der außenstehende Beobachter fragen, verfügt eigentlich noch der einfache Gläubige, um sich gegen solcherlei selbstfabrizierte Privattexte zu wehren, die ihm in der Feier der Eucharistie von der Willkür eines Zelebranten als offizielle Gebete vorgesetzt werden und für die ihm obendrein noch die Zustimmung durch das Amen abverlangt wird?"

Der Erzbischof von Freiburg hält offensichtlich wenig von einer Beschwichtigungstaktik, wie sie beispielsweise vom – ansonsten sehr verdienstvollen – Herausgeber des „Volks-Schott" betrieben wird, der die Vorwörter zu den verschiedenen „Lesejahr"-Ausgaben mit der treuherzigen Empfehlung zu schließen pflegt: „Im übrigen sollten die Benützer dieses Meßbuches sich keine großen Sorgen machen, wenn der Priester sich einmal nicht genau an das Buch hält. Das Altarmeßbuch ist zwar grundsätzlich verbindlich, aber der Priester, der dem Gottesdienst vorsteht, hat doch eine gewisse Freiheit, um aus besonderen Gründen gelegentlich auch andere geeignete Texte (Gebete, Lesungen) zu wählen." (Darf man sich wenigstens Sorgen machen über den unbekümmerten Gebrauch der Vokabel „grundsätzlich" in solchem Zusammenhang?)

Wer viel unterwegs ist . . .

Wer viel unterwegs ist, sei es als Tourist, sei es aus beruflichen Gründen, lernt die Auswirkungen des Zweiten Vatikanischen Konzils unter einem besonderen

Aspekt kennen, sofern er auf Reisen nicht darauf verzichtet, die Sonntagsmesse zu besuchen. Die liturgischen Reformen haben nicht nur der jeweiligen Landessprache zum Durchbruch verholfen; sie haben auch zu einer Diversifikation der Riten, Texte und Gewohnheiten geführt, die kaum größer sein könnte, wenn sie beabsichtigt und ausdrücklich angeordnet wäre.

Über Motive und Ursachen dieser Erscheinung soll hier nicht weiter spekuliert werden; wenn die Obrigkeit eine Ordnung, an der sie jahrhundertelang mit rigoroser Strenge festgehalten hat, von sich aus lockert (und damit zu erkennen gibt, daß sie diese Ordnung nicht mehr für unveränderlich hält), öffnet sie eine Schleuse und vermittelt den Eindruck, daß nun auch die neuen Regeln als veränderlich zu gelten haben.

Diese Auswirkung der Reformprozesse, der Zulassungen „ad experimentum" und der mehr oder weniger deutlichen Ermutigung von Extratouren durch einzelne Bischöfe (zeitweise besonders in Holland), kirchliche Gremien und Seelsorgeämter hat die geistliche Obrigkeit wohl nicht vorausgesehen und daher auch nicht einkalkuliert. Überhaupt wird man sagen müssen, daß von psychologischem Spürsinn kein übertriebener Gebrauch gemacht wurde. Man hat auch nicht bedacht, daß Änderungen und Neuschöpfungen, die dem Liturgiewissenschaftler, namentlich dem historisch orientierten Fachmann, durchaus einleuchtend erscheinen, vom Kirchenvolk nicht ebenso rasch verstanden und ohne nähere Begründung akzeptiert werden. Hätte man nicht so ausschließlich auf Institute und Ämter gehört und sich stärker an der Seelsorgepraxis orientiert, hätten mancher Mißgriff, mancher Autoritätsverlust und manches Leiden an der Kirche vermieden werden können.

Die Folgen der liturgischen Diversifikation, der „auffallend starken Unterschiede von Kirche zu Kirche, selbst innerhalb ein und derselben Stadt“ (Erzbischof Schäufele), noch mehr innerhalb verschiedener Regionen und Länder, werden teils gemildert, teils bewußter gemacht durch die gesteigerte Mobilität der Bevölkerung. Es scheint so zu sein, daß Erfindungen von der Vorsehung inspiriert oder zugelassen werden, wenn sie gebraucht werden – so auch die des Autos in einer Zeit, in der es nicht jedem zumutbar erscheint, den Gottesdienst in der zuständigen Pfarrkirche mitzumachen.

Wer viel auf Reisen ist, erlebt immer häufiger, daß er von Unbekannten, zuweilen besonders dringlich von jungen Menschen, angesprochen und auf liturgische Besonderheiten hingewiesen wird, sei es auf die Rarität einer Pfarrei mit lateinischem Hochamt, auf eine Abtei mit gregorianischem Choral, auf eine „stille“ (und predigtfreie) Messe, sei es auf „Jazzmessen“ oder Eucharistiefeiern in Privatwohnungen. Zumal in Frankreich werden Orts- und Zeitangaben über Sonntagsgottesdienste im vorkonziliaren Stil als Geheimtips gehandelt. Es würde nicht verwundern, wenn im Lande des Guide Michelin demnächst ein Führer durch die so unübersichtlich gewordene Liturgielandschaft der „douce France“ erschiene.

In dieselbe Richtung weist ein Symptom, das sich vor allem in Universitätsstädten beobachten läßt: das zunehmende Interesse von Studenten für Gottesdienste des morgenländischen Ritus, das durchaus nicht nur romantische oder historisierende Motive hat, sondern auch als Reaktion auf die „Verschulung“, die allzu banal-durchsichtige Textgestalt und das volkstümlich sein wollende Gehabe in „westlichen“ Gottesdiensten zu verstehen ist.

Was im folgenden geschildert wird, ist eine höchst zufällige und ergänzungsbedürftige Sammlung von Einzelfällen, die in keinerlei Hinsicht als repräsentativ gelten können. Die erwähnten Gottesdienste wurden weder aufgrund bestimmter Informationen aufgesucht, noch wurden andere bewußt vermieden. Es sind Eindrücke vom jeweils „Nächstliegenden“, die selbstverständlich keine Repräsentativität für sich beanspruchen.

Brüssel, Sonntagshochamt in der Kathedrale. Die 40 bis 50 Gottesdienstbesucher füllen nicht einmal das Viereck um den freigestellten Altar. Dort ist kein Kreuz zu sehen, wohl aber ein Mikrophon. Keine Kerzen. Im Kirchenschiff keine Kniebänke, kein Gestühl, dafür einige Reihen von Klappsitzen (natürlich ohne Kniebänke), die aus einem aufgelassenen Kino erworben wurden, wie aus kleinen Blechmarken an den Lehnen ersichtlich ist. Nebenaltäre abgeräumt, der ganze Raum trist und öde.

Brüssel, kleine Kirche in der Nähe der Grand' Place. Singmesse am Sonntag. Nach dem Credo setzt sich der Zelebrant auf einen Stuhl und wartet ab, bis die Kollekte „durch“ ist. Die Opferung entfällt, es geht gleich zur Präfation weiter, dann folgt ein Kanon, der offenbar eigens angefertigt wurde. Bei der Wandlung (natürlich) „Becher“ statt „Kelch“. Die konsekrierten Hostien, die nach der Kommunion übrigbleiben, werden von Laienhand sogleich in die Sakristei weggetragen. Tabernakel und Ewiges Licht sind nicht zu sehen.

Kirche in einer belgischen Kleinstadt, Jugendmesse am Sonntag. Ein hektographiertes Blatt mit den Liedertexten teilt die Eucharistiefeier ein in „Wortliturgie" und „Brotliturgie" (Liturgie du Pain).

Ein nordwalisisches Badestädtchen. Volle Kirche beim Sonntagsgottesdienst. Meßfeier ohne Experimente in englischer (nicht walisischer) Sprache. Viele von den Älteren Rosenkranzbeter. Gemeinde eher passiv während der Feier, wenn auch Laien Lesungen vortragen. Harmonium zu gefühlsbetonten Liedern. Nach dem Gottesdienst gemeinsame Kaffeetafel (plakatiert als Lockmittel für Gäste). Heitere Atmosphäre mit sektenhaftem Einschlag. Hochgradige Diaspora.

Wallfahrtsort im östlichen Frankreich. In der großen, erst in den letzten Jahren erbauten Kirche haben sich mehrere hundert Pilger zur Sonnntagsmesse versammelt. Statt des Gloria wird ein Lied gesungen, das Credo wird durch eine vom Zelebranten vorgetragene verkürzende Paraphrase ersetzt, in der einiges fehlt: die Geburt aus der Jungfrau, die katholische Kirche, die Vergebung der Sünden; dafür wird alles sehr rhythmisch bewegt, gewissermaßen im Dreivierteltakt, vorgetragen. Im Hochgebet, das im Aufbau und mit den Anfängen der einzelnen Abschnitte dem Modell II folgt, wird an drei Stellen improvisiert – teils in Abänderung, teils in Ergänzung des Textes. Die Extempore-Passagen beziehen sich auf einige Pilgergruppen und auf die aktuelle politische Lage.

In einem südportugiesischen Dorf. Sonn- und feiertags nur eine Messe. Kirche gut gefüllt. Alle Besucher im Sonntagsstaat. Altar und Tabernakel getrennt. Missa versus populum. Gelassenes Zeitmaß (Dauer mit kurzer, sehr rhetorischer Predigt 50 Minuten). Meßformular wie bei uns, Muttersprache, keine Freiheiten. Viele Rosenkranzbeter, auch unter den Jüngeren, aber durchweg altarbezogen, eifriges Singen und Respondieren. Gottesdienstbesucher warten am Ende des Gottesdienstes, bis Arme vom Dienst sich zur Entgegennahme einer Gabe am Portal aufgestellt haben. Insgesamt: heitere, naiv-fromme Atmosphäre. Aktionismus begrenzt auf das Herausjagen der Hunde vor der Predigt und dem Kanon. Davon abgesehen sehr viel Ähnlichkeit mit einer normalen Sonntagsmesse in den zwanziger Jahren bei uns. Keine Diasporasituation.

Kathedrale im kastilischen Hochland. Kapitelsamt am Sonntag, levitiert; laut und schnell im goldenen Ornat, am unveränderten Hochaltar, nicht versus populum. Es ist eigentlich alles wie früher, nur wird spanisch statt lateinisch gebetet. Der Gebetsdialog spielt sich zwischen den Zelebranten und den Kapitularen in ihrem Gestühl ab. Die nicht sehr zahlreichen Gottesdienstbesucher von „draußen“ bleiben stumm. Kein Lied, kein Instrument, keine Sekunde ohne dröhnend elektronisch verstärktes Wort.

Kirche in nordspanischer Kleinstadt. Halblaute Messe, weder still noch vernehmbar. Kein Dialog, aber versus populum. Nach der Kommunion zieht sich der Priester auf einen Sessel zurück, der vor dem alten Hochaltar aufgebaut ist, versinkt in Schweigen. Es dauert ziemlich lange, nach drei, fünf Minuten fangen die Kirchenbesucher an, das Kreuz zu schlagen und hinauszugehen, zunächst einzelne, dann Gruppen. Wenige bleiben zurück. Schließlich steht der Priester auf und spricht Schlußgebet, Segen und Entlassung.

Athen. Mikrophonfreie Abendmesse. Wenige ältere Männer und Frauen. Vor dem Gottesdienst Ikonenküssen und Kerzenspenden. Meßfeier nicht versus populum. Formular an zwei Abenden in der Landessprache, einmal in Latein. Temperamentvolle Predigt. Wenig Teilnahme am Geschehen (Rosenkranzbeter), dennoch altarbezogen. Sehr langsame Tempi, auch nach dem Gottesdienst langes Verweilen. Integrierte Schar frommer einzelner. Hochgradige Diaspora.

Hauptkirche einer mittelgroßen Stadt in Süditalien, sonntags um zehn Uhr. Wortgottesdienst am reich mit Blumen geschmückten neuen Altartisch. Sehr ausführliche und temperamentvolle Predigt, eine vom sporadischen Publikum offensichtlich gewürdigte rhetorische Leistung. Die Bänke sind höchstens zu einem Sechstel gefüllt. Die heilige Messe zwischen Credo und Segen wird sehr schnell zelebriert, fast möchte man sagen: als lästiges Beiwerk. Nach der Kommunion füllt sich die Kirche plötzlich ganz. Ein Sänger erscheint, die Orgel setzt ein, am alten Hochaltar werden unzählige elektrische Lichter entzündet. Der Priester kommt, im goldenen Rauchmantel, viele Kerzen. Gebete zur Muttergottes vom Rosenkranz zu Pompeji, eine gute halbe Stunde. Für die dort Versammelten ist das augenscheinlich der wichtigste Teil des Gottesdienstes.

In einer Großstadt Jugoslawiens. Brechend volle Kirche, freilich hauptsächlich ältere Leute. Kirchenraum eiskalt. Gottesdienst in Landessprache, strenges Ritual. Starke Beteiligung der Gläubigen. Soziale Kontakte fast betont zur Schau gestellt, allerdings nur von den Alten, vor und nach dem Gottesdienst. Volkskirchliche Restgemeinde in einem atheistischen Staat.

Kirche in einer dörflichen Sommerfrische in Tirol. Die Kirche gesteckt voll, der Besuch muß jedes Seelsorgerherz erfreuen, die Sangesfreudigkeit ist ungebrochen. Es gibt eine längere Predigt über Streitfragen der zeitgenössischen Theologie, wobei der Prediger aus seinem Herzen keine Mördergrube macht. Es ist heiß, die Leute geben es nach einiger Zeit auf, etwas zu verstehen, es zieht sich in die Länge. Dafür entfällt die Opferung. Niemand zeigt Verwunderung, es scheint immer so zu sein.

Mondäner Kurort in der Schweiz. Sonntagsmesse von A bis Z in Hochdeutsch, das jedoch, von wenigen Kurgästen abgesehen, niemand spricht. Weitaus die meisten Teilnehmer am Gottesdienst sind Italiener, Franzosen, Engländer, Rätoromanen. Die Gemeinde verhält sich dementsprechend, das heißt, sie schweigt beharrlich. Ebenso beharrlich singt der Zelebrant deutsche Lieder ins Altarmikrophon. Er läßt sich durch Hochgebet und Wandlung nur kurz und offenbar ungern unterbrechen. Während er die Kommunion austeilt, singt er unverzagt weiter, wobei es sich erweist, daß er auch ohne Lautsprecher die Kirche füllt. Was ursprünglich wohl als Anregung zum Mitsingen gedacht war, wird zur Alleinunterhaltung, die das Gegenteil bewirkt, zumal sie zu Liedern animieren will, die keiner kennt. Participatio als lucus a non lucendo? Klerikale Selbstdarstellung? Prinzipienreiterei (Sprache als Ausdruck des Territorialprinzips)?

Kindergottesdienst in deutschschweizerischer Großstadt. Lesungen und Gebetstexte auf schwizerdütsch, Responsorien hochdeutsch. Das hier Fremdsprachliche des Hochdeutschen tritt deutlich zutage; die Kinder kleben an den vorgedruckten Blättern, sie lesen fleißig ab, sie könnten nicht holprig-bemühter beten, handelte es sich um das „unverständliche“ Latein. Es hört sich an wie gesprochenes Papier.

Sonntagsmesse auf französischem Touristenschiff im Mittelmeer. Amerikanischer Geistlicher zelebriert auf englisch, das keiner der sonst Anwesenden versteht, auch nicht der Deckoffizier, der ministriert. „Muttersprache“ als Selbstzweck – wessen?

Sonntagsgottesdienst in slowenischem Kurort, sehr viele Ausländer, volle Kirche, kraftvoller Volksgesang. Liturgie von A bis Z slowenisch, kein Wort Latein, keine Anrede an die Kurgäste. Drei „Predigten“: zu Beginn über die Missionen, für die gesammelt wird, nach dem Evangelium Verlesung eines Hirtenwortes zum „Welttag der Massenmedien“, vor dem Segen ausführliche Ermahnungen zum Besuch der abendlichen Maiandachten. Dazwischen Eucharistiefeier von großer Rapidität, 2. Hochgebet.

Pfarrkirche in der Innenstadt von Paris. Ein von der Geistlichkeit unterzeichnetes Plakat an der Eingangstür ermahnt die Gottesdienstbesucher streng, kein Gebetbuch zu benutzen, auf keinen Fall während der Eucharistiefeier mitzulesen, weil dadurch die aktive Teilnahme an der Verwirklichung der Gemeinschaft gestört werde. (Der Verlauf der Meßfeier weckt den Verdacht, daß dieses Verbot deshalb erlassen worden sei, weil es dem „Laien“ erschwert werden soll, Abweichungen von den approbierten Texten festzustellen.)

Wochenprogrammzettel in einer Pfarr (ehem. Abtei)-Kirche an der Loire. Als Besonderheit ist vermerkt, daß hier die Freiheit der Wahl „de la liturgie officielle“ und „du français (autorisé)“ gewährt werde, wenn jemand eine heilige Messe, besonders ein Requiem, bestelle. Erkundigung an Ort und Stelle ergibt, daß dieser Hinweis einen erstaunlichen Bedarf zutage gefördert hat. Viele Geistliche lehnten es nämlich ab, ein lateinisches Requiem zu „konzedieren“, selbst wenn der Verstorbene dies gewünscht hatte und die Hinterbliebenen diesen Wunsch teilten. Noch schwieriger sei es gewesen, eine „römische“ Hochzeitsmesse zu erlangen. Die Kirche an der Loire zieht daraus offenbar Nutzen. Liturgiegefälle als Einnahmequelle?

Kleinstadt in Westdeutschland. Ikebana auf dem Altartisch, aber weder Kreuz noch Kerzen. Fünf Mikrophone: je eines auf dem Altar, auf der Kanzel, auf dem Ambo, seitlich bei den neu eingerichteten Sitzen und am Hochaltar. Kein Ministrant. Ein Erwachsener im Chorrock ist ausschließlich damit beschäftigt, das jeweils benutzte Mikrophon ein- und auszuschalten, herzutragen, wegzubringen, besser zu justieren. Wein und Wasser holt der Zelebrant selbst, er gießt auch das Wasser mit der einen Hand über die andere. Schon bei der Begrüßung schrickt jeder zusammen, der Priester ist ein Naturtalent, das sämtlicher Stimmverstärker leicht entraten könnte.

Dorf mit halb städtischer Bevölkerung in Westdeutschland. Der Zelebrant begrüßt die Gottesdienstbesucher sehr ausführlich, erwähnt die Fernsehnachrichten vom Vorabend, namentlich die Unfälle im Massenverkehr des Ferienbeginns, und macht den Kirchgängern klar, wie gut sie es haben, weil sie gesund im Gottesdienst sein dürfen und nicht auf der Autobahn eingeklemmt oder verunglückt sind. Ohne Übergang folgt der Eingangsvers. Nach dem Evangelium eine halbstündige Predigt, die keine Auslegungsmöglichkeit offenläßt. Rapide von der Opferung bis zur Kommunion. Vor dem Schlußsegen eine dritte Ansprache: diesmal über freudige und leidige Ereignisse in der Gemeinde, Hinweise auf Veranstaltungen der Woche, Ermahnungen zu gottgefälligem Wandel. Unterdessen leert sich die Kirche rasch. Segen über nahezu leere Bänke.

Klosterkirche im Rheinland, Sonntagsmesse für die Pfarrgemeinde. Die Predigt rankt sich um die These: Es kommt weniger darauf an, daß wir uns im Gottesdienst an Geschehenes erinnern, als daß wir Hoffnung auf eine menschlichere Zukunft stiften. Die Einsetzungsworte werden allerdings nicht in dieser Richtung modifiziert. Sie sprechen nicht von Jüngern, sondern von Freunden. Im Credo wird „katholische Kirche“ ausgespart.

Fragen, die überlegt werden sollten

Die hier wiedergegebenen Beobachtungen schildern keine „Sensationen“, keine extremen Sachverhalte, sondern alltägliche „mittlere“ Zustandsbilder. Sie wären beliebig vermehrbar. Zweifellos gibt es aufregendere Versuche, „kreative“ Liturgie hervorzubringen, Experimente anzusetzen und Variationen eines Themas zu erfinden, von dem man annimmt, im Original langweile es die Zuhörer. Aber gerade die „mittlere“ Skala ist beachtenswert, weil das, was sich auf ihr abspielt, kein Aufsehen mehr erregt, sondern stillschweigend hingenommen oder zumindest ertragen wird. Die Extreme nutzen sich um so eher ab, je extremer sie sind. Sie erscheinen daher auf die Dauer weniger gefährlich.

Folgende Fragen müßten überlegt werden:

Welchen Nutzen für die „actuosa participatio" der Gläubigen am Gottesdienst kann man sich von einer Liturgie versprechen, deren durchgängiges Merkmal darin besteht, daß sie von Land zu Land, von Bistum zu Bistum, von Pfarrei zu Pfarrei, ja von Zelebrant zu Zelebrant verschieden ist? Lehrt nicht die moderne „Lerntheorie" so gut (wenn auch auf andere Weise) wie die alte Pädagogik, daß Einübung notwendig ist, damit Sicherheit des Umgangs erreicht wird? Ist Ritus nicht in besonderem Maße darauf angewiesen, daß alle Beteiligten wissen (oder ahnen) können, um was es in jedem Augenblick geht, was sich da vor ihren Augen und Ohren, in ihrer Gegenwart, für sie und in ihrem Namen vollzieht? Ist es mit dem Sinn von Ritus vereinbar, wenn ständiges Verändern Unklarheit erzeugt, wenn aus Angst vor gedankenloser Routine des Gleichen eine ebenso gedankenlose Routiniertheit des Veränderns einzieht? Wenn schließlich die Gottesdienstbesucher, statt über bekannte Texte meditieren zu können, in ständiger Erwartungshaltung sind, bangend oder hoffend, was nun heute wieder neu, anders und überraschend auf sie zukommen werde?

Wie steht es mit den psychologischen Voraussetzungen für den Zugang zu einem Mysterium, das vom ersten bis zum letzten Augenblick durch laut gesprochene Worte begleitet, zitiert und gedeutet wird? Woher kommt die eigentümliche Angst vor einem Moment der Stille im sakralen Vollzug? Glaubt man, die Kirchgänger gerieten auf gedankliche Abwege, wenn man sie eine Minute sich selbst, ihren eigenen Erwägungen, Sorgen und Bitten überließe? Ist die heutige Liturgiepraxis überhaupt noch ausreichend aus ihrer authentischen Tradition bestimmt, wird sie nicht streckenweise viel stärker von äußeren Faktoren beeinflußt: von der Dauerberieselungswirkung der Radio- und Fernsehprogramme, von der Angst, daß ein „toter Punkt“ entstehen könnte, wenn das „Programm“ nicht nahtlos-atemlos weiterläuft?

Dabei kommt es nicht selten zu grotesken Themen- und Wortfolgen. Etwa: „Heute nachmittag können im Pfarrhaus die Karten für unseren Karnevalsabend für alleinstehende Frauen abgeholt werden. Sie kosten 4,50 DM einschließlich Kaffee, Kuchen und eines Knallbonbons mit Überraschungen. Es segne euch der allmächtige Gott ... “ Die Erlaubnis, zwischen Schlußgebet und Segen Informationen für die Gemeinde einzuschieben, verführt geradezu zu eher komischen Konstellationen. Gespür für Sprache und Stil ist unter Geistlichen nicht häufiger als unter anderen akademisch Gebildeten, das heißt selten. So wird oft nicht einmal eine Kunstpause versucht, um derart entstandene Situationen zu „retten“. Solange der „objektive“ Text der Liturgie auf lateinisch, zeitgebundene „irdische“ Hinweise in der Muttersprache gesprochen wurden, bedurfte es keiner Unterscheidung mit Mitteln der Phonetik. Da heute ein Heben der Stimme, ein Ansatz zum „tonus solemnior“ schon des Triumphalismus verdächtig macht, weichen viele in einen beiläufigen, unbeteiligten Ton aus, der zwischen der Ansage für den Altenklub und der liturgischen Segensformel keinen Unterschied erkennen läßt.

Welche Hinführung zum Zeichenhaften, Numinosen, letztlich Unsagbaren des Sakraments erfahren diese wohldressierten Gemeinden, die, durch laute, oft unwirsche Aufforderungen erinnert, durch einen Dirigenten angeleitet, kollektiv aufstehen, sich hinsetzen, niederknien, im Sprechchor beten oder singen?
Welches Verständnis von Ökumene gibt eine Kirche kund, die das einzige sprachliche Bindeglied, das an die tausendjährige Gemeinschaft mit den Kirchen des Ostens erinnert, aus ihrer verbindlichen Liturgie entläßt – im Zeitalter der Ökumene? Ohne Not außerdem, denn was das Kyrie sagen will, hat jeder Kirchgänger gewußt, zumal das „Kyrieleis“ in viele deutschsprachige Kirchenlieder eingegangen ist und dort (hoffentlich) überleben wird.
Welche Vorstellungen von „Weltkirche“ und „Überwindung nationaler Schranken“ lassen sich vereinbaren mit der nahezu ausschließlichen Verwendung der Muttersprache in der Eucharistiefeier? Noch nie haben so viele (überwiegend katholische) Ausländer ständig unter Deutschen gelebt wie heute – ist es da nicht paradox, daß gerade jetzt die katholische Liturgie exklusiv deutsch wird? Alles spricht davon, daß die ausländischen Arbeiter „integriert“ werden sollen; wäre es nicht richtig, zuerst zu fragen, wie man sie am Gottesdienst teilnehmen lassen kann, bevor man sich den Kopf über ihre Beteiligung an „Räten“ zerbricht (was keineswegs ein Argument gegen diese Beteiligung sein soll)?
Wie sollen Kinder und Erwachsene zu einem Minimum an Höflichkeit gegenüber Gott erzogen werden, wenn die äußeren Zeichen der Anwesenheit Gottes im Kirchenraum immer unmerklicher gemacht oder ganz be-

seitigt werden? Wenn man beim Betreten der Kirche weder ein Tabernakel noch ein Ewiges Licht erkennen kann? Wenn die konsekrierten Hostien auch gar nicht mehr in der Kirche aufbewahrt, sondern „die Reste des Mahls“ (Zitat aus Priestermund) abgeräumt und im Pfarrhaus oder in der Sakristei aufgehoben werden? Der Verfall der Formen vollzieht sich zwar auch in der weltlichen Sphäre in erschreckendem Tempo, aber muß das auch in der Kirche so sein? Wer einmal beobachtet, wie so viele Kirchgänger, junge wie alte, das „Haus des Herrn“ betreten, in die Bänke stolpern, sich ohne Gruß, ohne eine Sekunde Anbetung, ohne Kniebeugen oder Kopfneigen niederlassen, der kann sich nur fragen, wie die gleichen, gewiß gutwilligen Leute sich wohl benehmen, wenn sie das Haus minder wichtiger Chefs betreten. Aber kann solches Verhalten getadelt werden, wenn manche kirchlichen Reformer Kniebeugen vorwiegend unter dem Gesichtspunkt ihrer Abschaffbarkeit betrachten und die sichtbaren Hinweise auf die Realpräsenz Gottes in seinem Hause möglichst verstecken?

Welches sind die Gründe gewesen, die neue Übersetzungen der beiden gebräuchlichsten Glaubensbekenntnisse, des „Apostolicum“ und des „Nicaenum“, veranlaßt haben? Sind die neuen Texte wirklich besser, klarer, verständlicher, dogmatisch richtiger als die alten?

Sieht man einmal davon ab, daß Glaubensbekenntnisse Texte sind, auf deren behördlich angeordnete – selbst minimale – Veränderung der ernsthaft Glaubende mit Recht besonders empfindlich reagiert, weshalb eine Änderung nur aus zwingenden Gründen (etwa der Mißverständlichkeit der bisherigen Übersetzung) zu rechtfertigen ist – worin sind die Vorzüge der neuen Übersetzung zu erblicken? Etwa darin, daß aus dem so harten wie richtigen „ex Maria virgine“ das blasse, gleichsam verschämte „von der Jungfrau Maria“ wurde? Wodurch, zwecks rückwirkender Vermeidung einer Wiederholung, „de Spiritu Sancto“ mit „durch den Heiligen Geist“ wiedergegeben werden mußte? Oder darin, daß „inferi“ statt mit der gewiß mißverständlichen „Hölle“ nun mit dem noch viel mißverständlicheren „Reich der Toten“ übersetzt wird? Oder darin, daß aus der so klaren, so bildhaften „Auferstehung des Fleisches“ die keineswegs richtigere „Auferstehung der Toten“ geworden ist, so daß in den 22 Zeilen des neuen deutschen „Apostolicum“ jetzt nicht weniger als viermal der Tod und die Toten vorkommen, als handelte es sich um ein Totenlied?

Sind die „freien“, vom lateinischen Original des Missale Romanum offenkundig abweichenden Übersetzungen des deutschen Meßbuchs wirklich begründet, schließen sie das Gemeinte besser auf, sind sie verständlicher?

Im Gebet für die Verstorbenen wird derer gedacht, „die uns vorangegangen sind, bezeichnet mit dem Siegel des Glaubens“ – aber „signum fidei“ hat nichts mit Siegel zu tun, sondern heißt schlicht „Zeichen“, allenfalls „Feldzeichen des Glaubens“; meldet sich da ein Drang nach künstlicher Steigerung, dem „Zeichen“ zu gewöhnlich erschien? Aber denkt der Mensch von heute bei „Siegel“ nicht an Bürokratie, Formulare, Dienstsiegel und Stempel? Was ist da gewonnen?

In dem Dialog zwischen Priester und Volk nach der Wandlung, der eine wirkliche Bereicherung der erneuerten Liturgie darstellt, heißt es ebenso knapp wie klar: „Wir verkünden deinen Tod, o Herr, und bekennen deine Auferstehung, bis du kommst" – „donec venias"; die amtliche Übersetzung macht daraus „bis du wiederkommst in Herrlichkeit". Etwa deshalb, weil das besser klingt? Und warum können wir nicht die Auferstehung des Herrn als entscheidende Glaubenstatsache bekennen, warum müssen wir sie „preisen"?

Wie wohl nicht eigens betont zu werden braucht, treffen diese Anfragen eines Nichtfachmannes, eines einfachen Kirchgängers und Gottesdienstteilnehmers nur ein paar Einzelheiten, nicht die gesamte neue „Einheitsbibelübersetzung". Aber vielleicht haben sie doch einen gewissen Symptomwert, vielleicht kann der Laie nur nicht so recht artikulieren, was er doch im Kern richtig empfunden hat. Vielleicht ist es etwas zu schnell gegangen mit dieser Neufassung – nicht nach dem reinen Zeitablauf, sondern nach dem „inneren Tempo". Wenn es stimmt, daß die Deutsche Bischofskonferenz fast 600 Voten zur Verbesserung der „vorläufig endgültigen" Einheitsübersetzung gesammelt hat, fragt man sich allerdings, wie es kommen konnte, daß sie bereits in vielen Millionen Exemplaren, in Meßbüchern für den liturgischen Gebrauch, im Einheitsgesangbuch „Gotteslob" und anderswo unter die Leute gebracht wurde. Soll damit der „Wegwerfzivilisation der Wohlstandsgesellschaft" ein neues Feld eröffnet werden? Geht es um ein Massenexperiment mit ungewissem Ausgang? Und wie hat man den beschwörenden Appell einer Übersetzerkommission zu verstehen, die davor warnt, die Voten der Bischöfe zu berücksichtigen, weil dadurch das Ergebnis einer langen und mühsamen Zusammenarbeit mit evangelischen Theologen gefährdet werden würde? Will man damit etwa den Eindruck erwecken, die evangelischen Kirchen könnten oder wollten die unter Mitwirkung evangelischer Theologen hergestellte Übersetzung für ihren liturgischen Gebrauch verbindlich machen? Und dies, nachdem gerade eine modernisierte Fassung der Luther-Bibel verabschiedet wurde, die freilich auch nicht überall Zustimmung gefunden hat? Oder handelt es sich einfach um einen Pressionsversuch mit Argumenten von begrenztem Wahrheitsgehalt?

Es sei gar nicht bestritten, daß es auf diese Fragen möglicherweise durchaus befriedigende Antworten gibt. Daß sie gestellt werden können, ja müssen, weil die allgemeine Unterrichtung lückenhaft ist, weil man den Gedanken, das Kirchenvolk solle gründlich unterrichtet werden, überhaupt nicht ernst nimmt – nicht einmal die offiziellen Berichte über das Zustandekommen des „Gotteslobes" liegen vor, und auf Anfrage wird mitgeteilt, daß man sie unter Umständen auch nicht vorlegen werde, weil der zuständige Bearbeiter inzwischen eine andere Aufgabe zugewiesen bekommen habe –, geht nicht auf das Kirchenvolk zurück, sondern auf die für die Durchführung von Reformen Verantwortlichen und ihre Beauftragten. Um es ganz deutlich auszusprechen: Ein großer Teil des Kirchenvolks – und verständlicherweise gerade viele, die von dem Gottesdienstangebot regen Gebrauch machen – hat, unberaten und uninformiert wie er war, die verordnete Reform nicht so reaktionslos hingenommen, wie das Fachleute, die seit Jahren mit dem Gegenstand und seinen Problemen vertraut sind, erwartet hatten.

Eigentlich darf man von Herzen froh darüber sein, daß liturgische Fragen so viel Interesse, so viel – auch fehlgeleitetes – Engagement für sich mobilisieren konnten. Die richtige Antwort kann nicht im Herunterspielen und Beschwichtigen gefunden werden, sondern im geduldigen und intensiven Nachholen des Versäumten, wodurch Verdrossenheit abgebaut, zentrifugale Tendenzen gemindert, der Zugang zur erneuerten Liturgie erleichtert werden soll. Daß ein Generationenbruch entstanden ist, der sich wohl kaum rückgängig machen läßt, muß freilich klar gesehen und in Rechnung gestellt werden. Man hat nicht ungestraft auch in der Kirche an der Welle der Jugendüberschätzung partizipiert und geglaubt, die Alten als „Stammpublikum" nicht sonderlich umwerben zu müssen.

Der Fall Lefebvre als Signal

Für den kommunikationswissenschaftlich Vorbelasteten ist es sehr aufschlußreich, daß es des spektakulären Auftretens des Erzbischofs Marcel Lefebvre und seiner Anhänger bedurft hat, um eine den kirchlichen Binnenraum übersteigende Diskussion über die Praxis der nachkonziliaren Liturgie auszulösen. Fehlentwicklungen hatte es lange vorher schon gegeben, ja sie waren früher ärger als in den letzten Jahren; der Auszug aus den Kirchen hatte seinen Höhepunkt bereits überschritten; die Probleme lagen längst auf dem Tisch versammelt – aber es wollte sie niemand so recht anfassen.

Erzbischof Lefebvre hätte in Deutschland weder für

seine eher dürftige theologische Position eine nennenswerte Zahl von Sympathisanten zu gewinnen vermocht noch für seine historisch-politischen Ansichten, die ihm in Frankreich einen (gar nicht primär kirchlich orientierten) Anhang verschafft haben. Es bedarf keiner Umfrageforschung, will man herausfinden, welches die Motive sind, die ihm deutsche Sympathien eingetragen haben: „Breite Schichten der Bevölkerung", die „peinlich berührt oder gar schmerzlich enttäuscht sind von einer gewissen Anfälligkeit der sogenannten ‚neuen Liturgie' für bestimmte ansteckend wirkende Entartungsformen" (Erzbischof Hermann Schäufele), glaubten in ihm einen Fürsprecher gefunden zu haben, einen Mann der „alten Ordnung", der sich anheischig machte, der Verwirrung Einhalt zu gebieten. Ob Msgr. Lefebvre die inneren Widersprüche seiner Haltung zu überwinden vermag, ob er selbst den Rückweg zur kirchlichen Einheit findet oder ob sich sein Protest zum Schisma verhärtet, kann wohl nicht vorausgesagt, muß freilich je länger desto mehr befürchtet werden; aber wahrscheinlich ist es auch viel wichtiger, diejenigen unter seinen Gefolgsleuten, die sich nur partiell, nämlich in ihrer Anhänglichkeit an die „tridentinische Messe", mit ihm identifizieren, die nicht – wie er selbst – die Autorität von Papst und Konzil bestreiten, sondern lediglich eine andere, bessere, schonungsvollere und barmherzigere Praxis bei der Durchführung der nachkonziliaren Reform verlangen, von ihm zu trennen und in den Gottesdienstraum der Gemeinden zurückzuholen. So schwierig dürfte das gar nicht sein, es bedürfte nur einer gewissen Selbstüberwindung, des Eingeständnisses, daß manches versäumt, manches falsch gemacht, manches übersehen wurde. Aber wo es um Seelen geht, sollte das kein unüberwindliches Hindernis sein. Auch eine Bischofskonferenz vergibt sich nichts, wenn sie klug und entschlossen die Konsequenz daraus zieht, daß sie die Reaktion eines beträchtlichen Teils des Kirchenvolks auf manche Maßnahmen und (vor allem) Unterlassungen zunächst falsch eingeschätzt hat.

Rückkehr in die Kirchen?

Wenn erreicht werden soll, daß die Gottesdienste, zumal an Sonntagen, wieder zahlreicher besucht werden, daß die Kirchen sich wieder füllen, wird eine schlichte Erfahrungsregel beachtet werden müssen, an die sich auch die „Welt" zu halten pflegt, wenn sie Erfolg sucht: Man wird auf dem Markt der Angebote, die um Aufmerksamkeit und Interesse der Zeitgenossen werben, dasjenige vorlegen, was andere Institutionen nicht oder nicht so gut präsentieren können, weil sie dafür nicht kompetent sind, weil sie sich darauf nicht spezialisiert haben, weil man ihnen auf diesen Gebieten keine besondere Erfahrung zutraut.
Die großen Umfragen, die zu Beginn der siebziger Jahre in der Bundesrepublik Deutschland im Auftrag der Bischöfe durch das „Institut für Demoskopie" (Allensbach) vorgenommen wurden – nach Art und Umfang die bedeutendste religionssoziologische Erhebung, die je stattgefunden hat –, haben eine enorme Fülle von Material an den Tag gebracht, aus dem sich ablesen läßt, was die Menschen von der Kirche erwarten. Hier kann nur ein einziges Beispiel erörtert werden:

Eine der Fragen, die in einer schriftlichen Aktion allen Katholiken in der Bundesrepublik (Rücklauf 4,2 Millionen Fragebogen) vorgelegt sowie in einem mündlichen Interview (4000 repräsentativ ausgewählte Befragte) gestellt wurde, lautete: „Einmal angenommen, Sie könnten sich mit jemandem unterhalten, der sich in Lebensfragen und Glaubensfragen gut auskennt: worüber würden Sie dann gerne mit ihm sprechen?"

Den Befragten wurde eine Liste mit fünfzehn vorgegebenen Antworten gezeigt, Mehrfachnennungen waren möglich. Dabei erhielt die Antwort „Ob es ein Fortleben nach dem Tode gibt oder ob nach dem Tode alles aus ist" die meisten Befürwortungen. Nicht weniger als 35 Prozent der befragten Katholiken bezeichneten dieses Thema als vordringlich.

Schlüsselt man die Antworten auf nach Personengruppen, die sich durch ihre festere oder weniger feste Bindung an die Kirche unterscheiden – die Experten von Kirche und Umfrageinstitut hatten zu Beginn ihrer Arbeit einen für ihre Zwecke operationalisierbaren Begriff von Kirchlichkeit und eine „Skala der Kirchlichkeit" festgelegt, die es erlaubten, den Grad des Sich-an-die-Kirche-gebunden-Fühlens zu ermitteln –, so bemerkt man, daß die Frage nach dem Tod und den Letzten Dingen des Menschen nicht nur für besonders kirchennahe Katholiken oberste Priorität besitzt. Sogar ein Drittel derer, die von sich selbst erklären, daß sie nur selten zur Kirche gingen, wünschten sich ein solches Gespräch.

Es gibt nur eine einzige – unter dem Gesichtspunkt unterschiedlicher Grade von „Kirchlichkeit" gebildete – Gruppe von Katholiken, die ein anderes Thema vorzieht, und es ist wohl bezeichnend, daß diese Befragten sich lieber darüber unterhalten wollen, „wie wir die Welt, die Gesellschaft, in der wir leben, verändern können“. Es sind dies jene Katholiken, die von sich selbst sagen, daß sie nie zur Kirche gingen. Bei ihnen besitzt das Thema Gesellschaftsveränderung die Priorität (mit 34 Prozent gegenüber allen befragten Katholiken mit 31 Prozent).

Der von Gerhard Schmidtchen (Universität Zürich) herausgegebene Forschungsbericht über die großen Befragungen bezüglich der Einstellung der deutschen Katholiken zu Religion und Kirche erörtert auch die Frage, inwieweit es Diskrepanzen gibt zwischen dem Wertsystem, das in der weltlichen Gesellschaft allgemein akzeptiert gilt (bzw. von dem die Befragten annehmen, daß es als akzeptiert gelte), und dem aus der kirchlichen Lehre abgeleiteten Wertsystem. Die Kurven der beiden Wertsysteme, die bei einem solchen, natürlich sehr prekären und schwierigen Versuch entstehen, lassen bestimmte Konfliktzonen erkennen (zum Beispiel bei Themen wie Autorität, Fortschritt, Geburtenkontrolle). Sie zeigen eine große Zahl interessanter Korrelationsmöglichkeiten auf, die zumindest zur Bildung von Hypothesen für vertiefende Forschungen anregen.

Schmidtchen schreibt in diesem Zusammenhang: „Wer trotz des Empfindens, daß zwischen Kirche und Gesellschaft ein Widerspruch besteht, zur Kirche geht, will ‚nicht nur für heute leben‘.“ Er will sich also an einem Jenseits, an einer Ewigkeit orientieren. Und er fährt fort: „Die Todesproblematik trägt zum Kirchenbesuch bei, wenn starke Diskrepanzen zwischen kirchlichem und gesellschaftlichem Wertsystem empfunden werden."

Das ist auch gar nicht verwunderlich. Wenn mit dem Tod „alles aus ist", wenn „danach nichts mehr kommt", richtet der Mensch, der ja ein denkendes Wesen ist, sein Leben ganz anders ein, als wenn es ein Leben nach dem Tode gibt, wenn für dieses Leben Rechenschaft abgelegt werden muß, wenn Gericht und Urteil, Lohn oder Strafe „im Jenseits" auf ihn warten. Für den Christen erfährt die Strecke seines irdischen Lebens ihren Sinn vor allem dadurch, daß es die Strecke der Bewährung vor dem Durchgang durch das Tor des Todes ist, auf der sich sein ewiges Schicksal entscheidet.

Wenn die Frage, woher das Menschenleben seinen eigentlichen Sinn erfährt, so viele Menschen unserer Zeit beunruhigt, wenn die Unfähigkeit, auf diese Frage eine nicht nur intellektuell befriedigende, sondern eine die Last des Alltags tragende und übersteigende Antwort zu finden, so viele Menschen krank macht, ja in die Verzweiflung des Selbstmords treibt, darf die Kirche, die weiß, „was danach kommt", diese ihre Botschaft weder mit Rücksicht auf den Zeitgeist vorübergehend in den Tresor sperren noch zulassen, daß theologische Seminardiskussionen sie bis zur Unverständlichkeit verundeutlichen. Da jeder Mensch sterben muß – von allem, was wir über den Menschen wissen, ist diese seine Erwartung die gewisseste –, hat er ein Recht darauf zu erfahren, was der Tod für ihn bedeutet. Der Sinn des Lebens ist nur vom Tode her zu begreifen.

Aber wie werden die großen Chancen der Seelsorge, die sich aus dieser Tatsache ergeben, in der Praxis genutzt? Um zu hören, wie den Staaten der Dritten Welt am ehesten zu jenem Wohlstand verholfen werden könne, den sie sich wünschen, geht kaum jemand in die Kirche. Vorerst wird es bei der Vermutung bleiben, daß dies von Soziologen, Wirtschaftswissenschaftlern und Entwicklungsexperten zuverlässiger zu erfahren sei als von Theologen. Aber über Ziel und Wert des eigenen Daseins befragt man doch lieber Philosophen und Theologen als die Vertreter der Wissenschaften, die messen und zählen, so nützlich manche Hinweise sein mögen, die bei diesen Wissenschaften gelegentlich auch zum Thema Tod und Leben abfallen.

Möglicherweise war es ein Fehler, daß Amtsträger und Organisationen der Kirche in früheren Zeiten so großes Gewicht auf die „Kulturleistungen des Katholizismus" gelegt haben. Als Antwort auf die Angriffe einer religionsfeindlichen Aufklärung, deren Fähigkeit zum historischen Denken unterentwickelt war, hatte diese starke Betonung kulturell-zivilisatorischer Nebenwirkungen der christlichen Mission gewiß ihren guten Sinn; schließlich waren es nicht die angegriffenen Katholiken, die den Namen „Kulturkampf" erfanden.

Aber gerade wenn man die Einseitigkeiten einer solchen aus der Defensive geführten Argumentation erkennt und kritisch bewertet, kann man nicht umhin, sich und der eigenen Gegenwart ähnlich besorgte Fragen zu stellen:

Sind wir heute in Gefahr, den humanitären, den sozialtherapeutischen, den Abbau von Aggressionen bewirkenden Nebeneffekt kirchlichen Tuns und Lassens zu sehr in den Vordergrund unseres Denkens zu rücken? Sind wir dabei in der Gefahr, die Möglichkeiten zu überschätzen, die kirchlichen Einrichtungen und Veranstaltungen, zumal solchen, die zu ganz anderen Zwecken geschaffen wurden, bei der Erfüllung solcher Aufgaben zu Gebote stehen? Fängt das vielleicht schon „ganz oben“ an, wenn ein Repräsentant des Papstes, ein Erzbischof, das Präsidium einer „Konferenz für Sicherheit und Zusammenarbeit in Europa“ ausübt; wenn der „Staat der Vatikanstadt“ sich vertraglich verpflichtet, an der Verbreitung von Atomwaffen nicht mitzuwirken?

Die fatale Neigung, sich an allem zu beteiligen, was des Beifalls einer breiten Öffentlichkeit gewiß zu sein scheint, auf keinen Fall eine Gelegenheit zu versäumen, bei der man sein „Image verbessern“ könnte – alles natürlich in der besten Absicht und zum vermeintlichen Wohl der Kirche –, das nimmt an der weniger gut informierten und schlechter beratenen Peripherie entsprechend groteske Züge an. Daß die Kirche dabei Moden unterliegt und, ob sie will oder nicht, von den zyklischen Erregungen des Zeitgeistes miterfaßt wird, macht die Sache nicht besser. Auch die hektische Imitation weltlicher Zauberformeln wie „Planung“ schützt nicht vor Fehlern. Wie viele kirchliche Kindergärten, kürzlich noch als vordringlichstes Desiderat einer zukunftsgerichteten Seelsorge gepriesen, werden alsbald leerstehen, wenn der „Pillenknick“ in der Geburtenkurve sich voll auswirkt?

Katastrophenhilfe wie Behandlung von Rauschgiftsüchtigen setzen einige spezielle Kenntnisse und Fähigkeiten voraus. Der Pfarrgemeinderat, der hier plötzlich das ganz große Elend entdeckt und sich zu dessen Beseitigung aufgerufen fühlt, mag voll guten Willens stecken, kompetent wird er hierdurch nicht. Auch die

Erkenntnis, daß die kommunale Fürsorge und das Rote Kreuz manche Dinge einfach besser können als der Pfarrhelfer oder der Vatikan, kann ein Zeichen christlicher Demut sein.

Wer die Lage der nachkonziliaren Kirche in den von politischer Unterdrückung verschonten Ländern betrachtet, den Rückgang der Priesterberufe, die Verringerung des Sakramentenempfangs, das Aussickern der Ordensleute aus den Schulen, Krankenhäusern und Altersheimen, das Nachlassen der Aktivitäten in der außerordentlichen Seelsorge, zumal in der Jugendarbeit, das resignierte Hinnehmen von Spannungen und Spaltungen, die gelegentlich selbstzerstörerische „Kritik an der Kirche", das masochistische Aufwühlen historischer Schuld- und Belastungszusammenhänge, die stümperhaft-naiven Versuche zur kirchlichen „Vergangenheitsbewältigung" – wer dies alles im Blick hat, kann kaum umhin, sich zu fragen, ob hier nicht ein Todestrieb am Werke ist, der seinerseits nur dadurch zu erklären wäre, daß auch die Glieder der Kirche weithin den Sinn des Ganzen nicht mehr erkennen, nicht mehr glauben, nicht mehr sich vergegenwärtigen können. In der Tat: Wozu die ganze Anstrengung eines an christlichen Normen ausgerichteten Lebens, wenn das gleiche Ziel auch auf andere, bequemere Weise erreicht werden kann? Wenn niemand so recht weiß, wo der Himmel liegt, und es darauf auch gar nicht ankommt, weil das Gutsein hienieden viel wichtiger ist?

Was die Formen des Gottesdienstes betrifft, so wird man ganz einfach sagen können, daß ein frommer Priester, der seine Gemeinde kennt, auch mit dem neuen

„Rollenbuch der Gemeinde", wie das Einheitsgesangbuch „Gotteslob" von seinen Befürwortern (verräterischerweise) genannt wird, über eine Fülle von Möglichkeiten verfügt, würdige, anziehende, andächtige, tröstende Gottesdienste zu feiern, ja vielleicht noch mehr Möglichkeiten als früher. Er muß sich freilich sehr viel mehr Arbeit machen, er muß die Mitwirkenden und sich selbst gründlich vorbereiten. Improvisationen gehen oft in fataler Weise fehl. Die deutsche Liturgie stellt höhere Ansprüche, zumal in einer Zeit, in der die Erwartungen der Zeitgenossen an sprachliche Gestalt und gedanklichen Inhalt allgemein gestiegen sind, auch deshalb, weil sie sich an den Darbietungen der Massenmedien ausrichten. Ein rasch gemurmelter lateinischer Text, den niemand deutlich verstehen kann, mag vielleicht noch geheimnisvoll-tiefsinnig wirken; wird aber ein deutscher Text auf ähnlich lieblose Weise heruntergesagt, dann spürt jeder Zuhörer, wie wenig ernst es dem Liturgen mit dieser Botschaft ist. Mangelhafte lateinische Aussprache wurde früher nur von Absolventen humanistischer Gymnasien bemerkt; schludrigen Umgang mit der Muttersprache im Dienst des Heiligen kann jeder Gottesdienstbesucher feststellen, und nicht wenige von ihnen nehmen daran Anstoß. Die Ausbildung der Geistlichen hat auf diesen Wandel der Dinge nicht vorbereitet. Die beispielgebende, die Gemeindearbeit in erheblicher Weise beeinflussende, das Stilempfinden vieler prägende Kraft der vom Fernsehen übertragenen in- und ausländischen Gottesdienste muß hier besonders bedacht werden. Diese Gottesdienste sind deshalb mit außerordentlicher Sorgfalt vorzubereiten, nicht so sehr unter dem Gesichtspunkt ihres ästhetischen Niveaus als im

Hinblick auf die Vorbild-Wirkung für die Gemeinden. Die Gemeinden müssen sich und ihre eigene Eucharistiefeier auch in der großartigsten Konzelebration aus Rom oder in der monastischen Liturgie wiedererkennen können. Sie dürfen nicht in die Lage geraten, daß sie sich erst angestrengt klarmachen müssen, weshalb die Eucharistiefeier, die sie auf dem Bildschirm sehen und über den Lautsprecher hören, in ihrem Wesen identisch ist mit der gewohnten Pfarrmesse in der Vorstadtkirche. Ritus kann nicht zum unverlierbaren inneren Besitz werden, wenn er nicht Übung geworden ist – „in Fleisch und Blut übergegangen" –, ja auch zur Gewohnheit geworden, die freilich nicht bewußtlos praktizierte Routine sein darf. Deshalb muß auch die Vielfalt der erlaubten liturgischen Formen mit Klugheit verwandt werden; deshalb ist es sinnwidrig, es immer wieder anders zu machen, nur um des Andersmachens willen.

Das Konzil hat bewirkt, daß in der lateinischen Kirche eine große Freiheit in der Bestimmung der jeweils heranzuziehenden Texte und Gesänge gegeben wurde. In der Ostkirche hält man mit Strenge an den überlieferten Formen fest und beobachtet das westliche Experiment der Pluriformität mit Sorge. Wie immer verlangt Freiheit ein gehöriges Maß an Verantwortung, auch unter ökumenischen Gesichtspunkten. Spätere Betrachter werden zu beurteilen haben, ob unsere Zeit der Aufgabe einer umfassenden liturgischen Neuordnung, die sie sich gestellt hatte, gewachsen war.

Otto B. Roegele

HIMMLISCHE HEITERKEIT – ODER DIE EVANGELISCHE VERKÜMMERUNG

Wer danach fragt, warum die Kirchen, also die Gottesdienste, immer leerer werden, müßte erst einmal zu sagen wissen, was ein Gottesdienst eigentlich ist. Es könnte nämlich sein, daß damit die Frage nach den sich leerenden Kirchen schon beantwortet wäre. Das gilt in besonderem Maße für die evangelischen Gotteshäuser, in denen man sich seit eh und je viel darauf zugute hält, daß die Predigt während des Gottesdienstes einen beinahe absoluten Vorrang hat. Also wird man sich auch nicht wundern dürfen, wenn der Gottesdienstbesuch abhängig wird von der Predigt, von dem jeweiligen Prediger. Es widerspricht allerdings jedem nur denkbaren Verständnis vom Gottesdienst, wenn man allein um der Predigt willen zur Kirche geht oder, falls einem die Predigt mißfällt, nicht zur Kirche geht. Die Überbetonung der Predigt im evangelischen Gottesdienst wird immer wieder auf Martin Luther zurückgeführt. Er hatte zu seinen Lebzeiten wahrlich Anlaß, die Predigt hervorzuheben, nur hat man in der evangelischen Kirche längst vergessen, daß Martin Luther in der Messe zu predigen pflegte, also in einem Gottesdienst, wie er heute noch in katholischen Gotteshäusern gefeiert wird. Die sonntägliche Feier der Messe war für Luther eine bare Selbstverständlichkeit. Nur auf diesem Hintergrund ist seine Betonung der Predigt recht zu verstehen.

Martin Luthers Gottesdienste waren also im Sinn der alten Kirche noch wirkliche, volle Gottesdienste, zu denen nicht nur Lobpreis und Anbetung, Bekenntnis der Sünden und Bitte um Vergebung, sondern auch das Handeln Gottes an der Gemeinde gehörte. Dieser Gottesdienst ist in weiten Bereichen des Protestantismus auf eine von geistlichen Liedern umrahmte Predigt zusammengeschrumpft. Doch selbst wenn man ein Anhänger des reinen Predigtgottesdienstes wäre, müßte man auch wieder bei Luther nachfragen, was er eigentlich unter der von ihm so herausgehobenen Predigt verstand. Luther hat sich da ganz schlicht ausgedrückt. Die Predigt wirke Glauben, sagte er. Das wäre also ungefähr das, was vor einer Reihe von Jahren der evangelische Theologieprofessor Helmut Thielicke in der Hamburger Hauptkirche St. Michaelis mit seiner Glaubenslehre für Erwachsene unternahm. Bei diesem lange fortdauernden Unterfangen war die Michaeliskirche, die zweitausend Menschen faßt, stets überfüllt. Aber Helmut Thielicke hatte Instinkt genug, seine Glaubensunterweisung nicht in Gottesdienste zu kleiden. Die Predigt im Gottesdienst trifft auf Menschen, die am Sonntagmorgen ihren Gott preisen und sich in die Gemeinschaft der Gemeinde Jesu Christi einfügen wollen. Darum geht Luthers Wort von der Predigt, die Glauben wirkt, über die Glaubensunterweisung oder den „Konfirmandenunterricht für Erwachsene“ hinaus. Die Gemeinde soll ihres Glaubens gewisser und froher werden.

Schon Luther selbst hatte einigen Kummer mit Predigern, die nicht Glauben wirkten, sondern ihrem eigenen Verstand, ihren eigenen Einfällen, ihren eigenen Meinungen folgten. Deshalb, nur deshalb ließ Martin Luther einen Teil seiner Predigten drucken und an die Pfarrer schicken, damit sie, statt „blaue Enten zu predigen“, wie er sagte, sich dann lieber an seine Predigten hielten. Damit sind wir an einem jener Vorgänge angelangt, die ganz gewiß mitschuldig sind an den sich leerenden, längst geleerten Gotteshäusern. Wer in der Lage wäre, kreuz und quer durch die Bundesrepublik an einem einzigen Sonntagmorgen gleichzeitig in einhundert evangelischen Gottesdiensten anwesend zu sein, würde erfahren, was Luther mit den blauen Enten meinte, und wahrscheinlich voller Verzweiflung feststellen, daß es den einen Glauben der evangelischen Christenheit, der durch die Predigt zu wirken wäre, überhaupt nicht mehr gibt. Da braucht man sich gar nicht erst über den immer noch weit verbreiteten Mißbrauch der sogenannten politischen Predigt aufzuregen, der die Menschen aus den Kirchen treibt, denn auch jenseits der politischen Tagesmeinung der Pfarrherren prasselt von den Kanzeln ein Wirrwarr theologischer Schulen auf das „gläubige Volk“ herunter, das ganz ausdrücklich – denn mit dieser Anrufung beginnt jeder Gottesdienst – im Namen des Vaters, des Sohnes und des Heiligen Geistes versammelt ist.

Es ist gut evangelisch, der Predigt angemessenen Raum zu geben im Gottesdienst. Aber Predigt allein ist nicht Gottesdienst. Wo wirklich Gottesdienst gefeiert wird, möglichst nicht „mit anschließendem Abendmahl“, sondern auf das heilige Abendmahl hin, da läßt sich ein schwacher, ein verwirrter oder auch politisch statt „evangelisch“ engagierter Prediger wohl ertragen. Wo aber der Gottesdienst allein auf einem solchen Prediger steht, da bleibt man besser daheim in seiner „Hauskirche“, für deren Belebung erst jüngst der katholische Bischof von Regensburg, Rudolf Graber, nachdrücklich votiert hat. Allzu wenige evangelische Christen wissen, daß das sogenannte Kirchengebot der römisch-katholischen Kirche, also die Notwendigkeit des Gottesdienstbesuches für katholische Christen, auf die Anwesenheit bei der Eucharistiefeier zielt. Das hat, niemand wird das bestreiten, zu den merkwürdigsten Entartungen geführt, wenn etwa in einem katholischen Dorf die Bauern während des vorangehenden Teils des Gottesdienstes rauchend vor der Kirche stehen oder gar in der Kneipe sitzen, um erst zur Feier der Eucharistie wieder in die Kirche zu gehen. Dennoch bleibt dieser Zusammenhang zwischen Kirchengebot und Eucharistiefeier für evangelische Christen ein notwendiger Hinweis darauf, daß das bloße Anhören einer Predigt noch lange kein Gottesdienst ist.

Die vollen Kirchen

Vielleicht sollte man aber mit der Frage nach den sich leerenden Kirchen erst einmal bei den vollen Kirchen beginnen, die es auch heute noch gibt. Vor gut dreißig Jahren zum Beispiel waren die evangelischen Gotteshäuser plötzlich wieder voll, obgleich man sich in der evangelischen Kirche schon sehr viel länger an leere, spärlich besuchte Gottesdienste hatte gewöhnen müssen als in der römisch-katholischen Kirche. Dafür gab es unter dem Druck der fortwirkenden „Aufklärung“ und dem damit verbundenen „Kulturprotestantismus“ einen recht einfachen

Grund. Den evangelischen Christen blieb nämlich der sogenannte Kirchenkampf oder Kulturkampf während der Bismarck-Zeit erspart, ja sie hatten sich leider daran sogar beteiligt und uns damit ein Erbe hinterlassen, das noch heute die ökumenische Bewegung zwischen den beiden großen Kirchen unseres Landes unterschwellig behindert. Aus dieser Zeit des Kulturkampfes stammen die für evangelische Verhältnisse immer noch recht eindrucksvollen Besucherzahlen katholischer Gottesdienste. Dieser geschichtliche Rückgriff hängt eng zusammen mit jenen vollen Gotteshäusern in der ersten Zeit nach dem Zusammenbruch des Dritten Reiches. Während der Herrschaft der Nationalsozialisten hatte auch die evangelische Kirche zu einem guten, zu ihrem besten Teil genau das nicht getan, was man ihr heute auf allen Gassen anempfiehlt. Sie hatte sich nicht dem Zeitgeist angepaßt, sondern ihm evangelisch widerstanden. Nun strömten denn gerade jene Menschen in die Gotteshäuser, die fahrlässig oder aus Eigennutz oder verblendet zu Mitläufern der Diktatur und Barbarei geworden waren. Sie hielten sich an eine Gruppe des Volkes, die vom Glauben, vom Evangelium her außerstande gewesen war, der mit Idealismus getarnten zynischen Menschenverachtung zu folgen. Nun suchten diese Scharen von Menschen in ihrer inneren, freilich auch äußeren Not sozusagen Zuflucht in der Kirche als dem einzigen Ort, der das rechte Wort zu haben schien gegen die Abhängigkeit von verbrecherischer Tyrannei und – das vergesse man bitte nicht! – zur Vergebung der Sünden, deren Teilhaber man gewesen war.

Das war eine Zeit gefüllter Gottesdienste, und noch heute fragt man sich, wie diese Stunde der Kirche so rasch hat vergehen können. Antwort auf diese Frage gibt das Alte Testament. Immer wieder, wenn die Juden satt wurden und es sich wohl sein ließen im Erdenleben, vergaßen sie ihren Gott und fanden Neigung und Gelüst am Götzendienst. Das können wir in den Schriften der Propheten zur Genüge nachlesen. Die Tempel leerten sich, weil es den Menschen gutging, und dieses Wohlergehen in materialistischem Sinn schrieben sie nicht ihrem Gott, sondern ihren eigenen Fähigkeiten und Klugheiten zu. Genauso ist es uns ergangen nach der Stunde der Kirche. Abtrünnigkeit griff um sich, der Mensch genügte sich selbst als Maß und wurde immer stolzer auf seine Fortschritte, vor allem in den Wissenschaften. In diese Zeit der sich abermals leerenden Gottesdienste fällt das, was man die zweite Aufklärung nennt. Nur fehlte diesmal das große Gegengewicht des Glaubens, die prophetische Mahnung der Kirche.

Damit sind wir bei einem zweiten Beispiel voller Kirchen, das bis in unsere Tage hineinreicht, dem Beispiel des Pietismus aus der ersten Aufklärungszeit, ohne den die evangelische Kirche schwerlich überlebt hätte. Die pietistische Bewegung, von der zeitweise sogar der junge Goethe ergriffen wurde, hatte bestimmte landschaftliche Schwerpunkte, und dort prägt sie noch heute das kirchliche Leben. Am Sonntagmorgen sind die Gotteshäuser oft bis auf den letzten Platz gefüllt, und es werden Kollekten erzielt, von denen man andernorts nicht zu träumen wagt. Die Bibelstunde hat ihren festen Sitz im Leben der

Familien, und es wird Gemeinschaft praktiziert, wie man sie so sonst kaum findet. Doch schon hier fangen die Bedenken an, denn die verbliebenen pietistischen Gemeinschaften sind nicht mehr offen, viel eher genügen sie sich selbst, und zwar in einem Lebensstil, der dem gegenwärtigen Dasein einfach nicht mehr gewachsen ist. Gerade in diesen ob ihrer „Kirchlichkeit" bewundernswerten pietistischen Gemeinden beobachtet man eine Vorherrschaft der Predigt, überhaupt des Wortes, die das gesamte übrige Gelände des Glaubens und des Gottesdienstes brachliegen läßt. Innerhalb der evangelischen Kirche nennt man solche noch vom Pietismus her geprägten Christen die Frommen, aber man setzt das Wort von den Frommen ironisch in Gänsefüßchen. Sie treiben ihr eigenes Wesen und werden dank der Engführung und Blutarmut ihrer Frömmigkeit wohl kaum die nächste Generation überdauern. Ihre Kirchen freilich, das muß wiederholt werden, sind heute noch voll, auch mit jungen Menschen. Aber wer eine neue christliche Erweckungsbewegung nicht nur erhofft, sondern nach mancherlei Anzeichen unserer Tage auch für möglich hält, wird die Antriebskräfte zu einer solchen Bewegung nicht bei den pietistischen Restbeständen suchen, so hoch er auch immer den Pietismus in der Geschichte der Kirche einschätzen mag.

Es gibt da schließlich ein interessantes Gegenbild zu den vollen Kirchen der Pietisten. Das war die Hamburger Hauptkirche St. Jacobi, solange dort noch Pastor Paul Schulz predigen und amtieren durfte. Er ist vorerst von seinem Amt suspendiert worden, weil bei der Vereinigten Evangelisch-Lutherischen Kirche ein Lehrbeanstandungsverfahren gegen ihn anhängig ist. Paul Schulz leugnet die Existenz Gottes. Er sagt: „Gott ereignet sich in den unabdingbaren physikalischen und chemischen Prozessen." Das christliche Weltmodell „aus transzendenten Bildern", sagt Paul Schulz, sei heute schon in fast allen Punkten überholt, weil die Naturwissenschaft „diese jenseitigen Modelle herunterrechnet auf einfache Diesseitsstrukturen (z. B. Entstehung des Lebens)". Es bleibt für Paul Schulz das von dem Menschen Jesus angestiftete „Prinzip Liebe". Was uns hier an dem Hamburger Fall Paul Schulz interessiert, ist die Tatsache, daß seine „Gottesdienste" in einer Stadt besonders leerer Kirchen meist dermaßen überfüllt waren, daß die Kirchentüren schon einige Zeit vor Beginn des Gottesdienstes zugeriegelt werden mußten. Wir täuschen uns sehr, wenn wir meinen, die sogenannte Aufklärung sei längst überwunden. Sie treibt noch munter ihr Wesen und berauscht sich nach wie vor an dem angeblichen Widerspruch zwischen der Heiligen Schrift und den fortschrittlichen Erkenntnissen der Wissenschaft. Ein nicht geringer Teil unserer Zeitgenossen lebt immer noch im neunzehnten Jahrhundert und eilt in die Kirchen jener Pfarrer, für die Wissenschaft – oder das, was sie unter Wissenschaft unkundig verstehen – höher rangiert als die Offenbarung Gottes.

Schaut man sich also in den noch vollen Kirchen um, stößt man ausgerechnet unter evangelischen Christen auf eine Unmündigkeit, wie man sie sonst den katholischen Christen nachsagt. Da ist auf der einen Seite die Autorität des gesetzlichen Buchstabenglaubens in den pietistischen Restgebilden, auf der anderen Seite die Autorität der Naturgesetze, also ein Restgebilde liberaler Theologie des neunzehnten Jahrhunderts. Beiden Autoritäten eignet eine Außerachtlassung, wenn nicht Verachtung geistlichen Lebens und liturgischer Gottesdienstformen. Der sehr spärliche und spröde Gebrauch des heiligen Abendmahls ist in beiden Fällen charakteristisch. Diese beiden Fälle noch gut besuchter Gottesdienste sind ein Menetekel für die vielen so gut gemeinten „Gottesdienste neuer Art", die den unkirchlichen Zeitgenossen erreichen wollten. Das gelang zunächst sogar, doch inzwischen sind dieserart Gottesdienste schon wieder ausgeblutet und haben insgesamt den Kirchenbesuch um nichts vermehrt. So „modern" sind die Menschen gar nicht, wie man sie bei der oft bewundernswerten Mühe um die Gestaltung solcher Gottesdienste „neuer Art" sah. Ein evangelischer Theologe hat erst jüngst den Wunsch ausgesprochen, es möchte bei der Vorbereitung des Gottesdienstes „alter Art" die gleiche Mühe aufgewendet werden.

Inzwischen liegt eine Fülle von Meinungsumfragen zum Thema „Gottesdienst" vor, und es fehlt auch nicht an mancherlei gescheiten Auswertungen solcher von der Kirche angeregten und bezahlten Erhebungen. Sie mögen hier und da nützlich sein, nur fragt man sich, wo eigentlich die einst so gerühmte, an der Heiligen Schrift geschulte Menschenkenntnis der Pfarrer geblieben ist, die solche Erhebungen weitgehend ersetzen könnte. Leider hat aber heutzutage ein nicht geringer Teil der Pfarrerschaft ein ideologisch vorgeprägtes Menschenbild, das ihn für schlichte menschliche Realität blind macht und zu Predigten oder Umstülpungen der Gottesdienstform verleitet für Menschen, die es gar nicht gibt. Der Gottesdienstbesuch beschränkt sich heute auf etwa fünf bis sechs Prozent der evangelischen Bevölkerung, abgesehen von besonders beliebten Gottesdiensten, wie etwa der Christvesper oder am Karfreitag. Das ist gewiß bitter wenig, dürfte jedoch ziemlich genau der Zahl engagierter evangelischer Christen hierzulande entsprechen. Nun aber sucht man denn nach der Ursache des so geringen Gottesdienstbesuches, den man sich gegenseitig dann im Streit der kirchlichen Fronten als Argument an den Kopf wirft, ein ungemein törichtes Verfahren, weil es die Realität verdeckt, und diese Realität heißt schlicht Gleichgültigkeit. In welcher Form auch immer man Gottesdienst feiert und in welcher Weise man das Evangelium predigt oder für eigene Anschauungen mißbraucht – die Zahlen der Gottesdienstbesucher ändern sich kaum.

In einer jener beflissenen Erhebungen wurden die Leute gefragt, was sie denn am Sonntagmorgen um die Gottesdienstzeit tun. Zur allgemeinen Überraschung tauchte unter den Antworten an den ersten Stellen die Körperpflege auf. Das ist für Soziologen vielleicht ein wichtiges Ergebnis. Für die Kirche jedoch zeigt sich hier nur, wie weit entfernt für viele Zeitgenossen auch nur der Gedanke an den Besuch des Gottesdienstes ist. Der Gottesdienst ist für diese Menschen unter der Dusche oder in der Badewanne nicht mehr vorhanden. Gleichgültigkeit ist da noch ein allzu mildes Wort. Aber man muß darum bitten, hier nicht in Überheblichkeit zu verfallen. Noch vor etwa fünfzig Jahren war es ganz selbstverständlich, daß sich im Gottesdienst Sonntag für Sonntag der gesamte Kirchenvorstand, das gesamte Presbyterium einfand. Heute sagt der Kirchenvorsteher, sagt die Presbyterin: „Heute habe ich Dienst!“ Der Rest, der nicht zum Gottesdienst eingeteilt wurde, glänzt dann durch Abwesenheit. Also nicht einmal mehr für das leitende Gremium der Gemeinde ist der sonntägliche Gottesdienstbesuch eine Selbstverständlichkeit.

Klingelbeutel und Sünden

Es gibt in den ausführlichen Erhebungen über den Gottesdienstbesuch, die sonst mit viel Akribie fast nur bekannte Tatsachen ermittelt haben, noch ein merkwürdiges Ergebnis. Die Leute wurden gefragt, was sie am Gottesdienst am meisten stört. In schöner Eintracht tauchten dabei an erster Stelle der Klingelbeutel und das Sündenbekenntnis auf. Daß die sogenannte Kollekte zur Liturgie des Gottesdienstes gehört – daher das Kollektenlied, daher die feierliche Niederlegung der Klingelbeutel auf den Altar –, ahnt natürlich kein Mensch mehr, zumal die meisten Leute (man frage sie!) unserer Tage nicht einmal mehr wissen, was überhaupt Liturgie ist und bedeutet. Ganz gewiß sollen wir uns in der ökumenischen Begegnung zwischen katholischer und evangelischer Kirche gegenseitig „auferbauen“, wie es im Ökumenismusdekret des letzten Konzils heißt. Daß aber die katholische Kirche mehr und mehr von der liturgischen Verkümmerung evangelischer Gottesdienste angesteckt wurde, gehört ganz gewiß nicht zu der erwünschten Auferbauung. Dies nur am Rande, es wird davon noch zu sprechen sein.

Das Sündenbekenntnis stört die Leute, die dann und wann einmal in einen Gottesdienst hineingehen, sonst wüßten sie ja, wie selten es noch vorkommt! Aber bleiben wir bei der Störung, die mehr über den dürftigen Gottesdienstbesuch zu sagen weiß als alle Hinweise auf die verfehlte politische oder allzu frömmelnde Predigt. In der Mitte des evangelischen Glaubens steht die Rechtfertigung des Sünders, damit also auch im Eingang des Gottesdienstes das „Kyrie eleison". Das Neue Testament bietet als Offenbarung Gottes dem Menschen Erlösung an, Erlösung von seinen Sünden. Daß das im evangelischen Gottesdienst nicht kräftiger zum Ausdruck kommt (oder oft gar nicht mehr), liegt einfach daran, daß man im Lauf der Zeiten, ganz im Gegensatz zur Reformation, das heilige Abendmahl aus dem Gottesdienst ausgeschlossen hat. Die Gemeinde wird durchweg also nicht einmal aufgefordert, von sich aus und mit eigener Stimme ihre Sünden zu bekennen. Das geschieht, falls es noch geschieht, nur in einem Gebet des Pfarrers. Schon das ist den Leuten heute zu viel, stört sie empfindlich. Sie fühlen sich nämlich überhaupt nicht als Sünder, ja sie wissen nicht einmal – Schuld, übergroße Schuld vieler Pfarrer! –, was in christlichem Sinn Sünde ist. Sie verwechseln Sünde ständig mit bürgerlicher Moral. Deshalb wollen sie nicht als Sünder angeredet werden.

Solche Erwägungen haben gegenüber der Frage „Warum die Kirchen leerer werden..." ungleich mehr Gewicht als die oft recht vordergründigen Versuche, die Menschen mit diesen oder jenen für zeitgemäß gehaltenen Aufbereitungen und Tricks in den Gottesdienst zu locken. Es steht nämlich fest, daß ein großer Teil unserer Mitmenschen gar nicht mehr „geschickt" ist zur Feier des Gottesdienstes. Ihm fehlen dazu die Mindestvoraussetzungen, er ist nicht entsprechend vorbereitet. Wollen wir in der ganzen Diskussion um die Gottesdienste heute nicht einmal eingestehen, daß zur Teilnahme am Gottesdienst mindestens „so etwas" wie Glauben gehört. Statt aber nun im Gottesdienst den Glauben auszubreiten, den Glauben zu stärken und nichts als das klare, für jedermann verständliche Wort Gottes zu verkündigen, erschöpft man sich fortgesetzt in Versuchen, den Gottesdienst für jene Menschen „attraktiv" zu machen, die längst vom Glauben abgekommen sind, ihn nicht einmal kennen. Solche Versuche – vornehmlich durch eine Art Frühschoppenpredigt und eine entsprechende Entschärfung der für unzumutbar gehaltenen Teile der Liturgie – führen dann aber dazu, daß nun auch die Gläubigen nicht mehr zum Gottesdienst gehen. So werden die Kirchen dann noch leerer.

Nun wird man einwenden können, es werde hier dem missionarischen Charakter des Gottesdienstes nicht genügend Beachtung geschenkt. Gut, so sei denn die Geschichte eines missionarischen Gottesdienstes aus der Frühzeit der christlichen Kirche erzählt. In der Apostelgeschichte ist eine Predigt des Almosenpflegers Stephanus abgedruckt, die wahrlich missionarischen, also erweckenden, Charakter hat. Von den Zuhörern dieser

Predigt heißt es schließlich: „Da sie solches hörten, ging's ihnen durchs Herz und bissen die Zähne zusammen über ihn." Danach berichtet die Apostelgeschichte über den Prediger Stephanus folgendermaßen: „Wie er aber voll Heiligen Geistes war, sah er auf gen Himmel und sah die Herrlichkeit Gottes und Jesum stehen zur Rechten Gottes und sprach: ‚Siehe, ich sehe den Himmel offen und des Menschen Sohn zur Rechten Gottes stehen.' Sie schrien aber laut und hielten ihre Ohren zu und stürmten einmütig auf ihn ein, stießen ihn zur Stadt hinaus und steinigten ihn." Der erste Märtyrer der Kirche Jesu Christi starb unter Steinwürfen um einer missionarischen Predigt willen. Wir aber trachten auf endlosen Synodaltagungen und mit feingeknüpften demoskopischen Erhebungen danach, wie wir unsere Gottesdienste für die sogenannten heutigen Menschen angenehmer herrichten können.

Das Martyrium des heiligen Stephanus wirkt aber in der Frage nach dem rechten Gottesdienst heute noch schockierender als in der Apostelgeschichte, denn in unseren Tagen würde niemand einen Stein aufheben, bloß wegen einer christlichen Predigt. Damals waren die Leute immerhin erregt angesichts der Christen. Nicht einmal das bringen heute die Gottesdienste zuwege, denn sie wollen den Menschen zu Gefallen sein, statt ihnen das Wort Gottes auszurichten in Verkündigung und Sakrament, und sei es zum Ärgernis der Versammelten. So ist die Gemeinde Jesu Christi, ob katholisch oder evangelisch, längst in eine Zwickmühle geraten mit ihren Gottesdiensten. Auf der einen Seite möchte sie möglichst wenig Anstoß oder Ärgernis erregen bei jenen, also bei den meisten

Menschen unserer Tage, die nur noch selten oder überhaupt nicht mehr zur Kirche gehen, während sie auf der anderen Seite mit solcher Nachsicht auch noch die Gläubigen aus der Kirche vertreibt. Sie riskiert nicht mehr sich selbst, diese Gemeinde Jesu Christi, falls sie denn annähernd noch weiß, was eine christliche Gemeinde ist. Um es mit einem neutestamentlichen Gleichnis zu sagen: Ganz gewiß soll der Hirte dem einen verlorenen Schaf nachgehen, aber helfen kann er diesem einen verlorenen Schaf nur, wenn er es in die Gemeinschaft der übrigen neunundneunzig Schafe zurückbringt.

Wo ist die Gemeinde?

Was eigentlich ein Gottesdienst sei, läßt sich sehr festlich und schön wohl nur von Gott her beschreiben, wie König David es getan hat, als er von den „schönen Gottesdiensten des Herrn“ sprach. Der gegenwärtige Ratsvorsitzende der Evangelischen Kirche in Deutschland, Bischof Helmut Claß, hat diesen Bezug von Gott her vor seiner württembergischen Landessynode so angesprochen: „Im Gottesdienst spricht Gott mit uns. Damit sind wir Angenommene. Der qualitative Unterschied zwischen Gott und Mensch ist aufgehoben; Schuld ist beseitigt. Der Mensch erhält wieder seine Würde als Geschöpf Gottes; Minderwertigkeitsgefühle können abgebaut werden. Der psychologische Grundsatz ‚Ich werde, weil du mit mir sprichst‘, gilt in einzigartiger Weise, wo Gott mit uns im Gottesdienst redet. Darum ist jeder Gottesdienst ein Fest." Es ist sehr interessant, daß Bischof Claß hier nicht, auf gewisse Veränderungen oder neue Formen des Gottesdienstes zielend, die Denkweise oder Empfindungswelt des modernen Menschen auf den Gottesdienst anwendet, sondern umgekehrt den von Gott getragenen Gottesdienst auf diese Denkweise oder Empfindungswelt bezieht. Nur so, könnte man salopp sagen, wird ein Schuh daraus. Begreift man den Gottesdienst von Gott her, und anders kann man ihn nicht begreifen – „Kommst du zur Taufe oder nimmst das Abendmahl oder holst die Absolution, oder wenn man predigt, so steht der Himmel offen, und wir hören die Stimme des himmlischen Vaters, und kommen alle diese Werke aus dem Himmel, und ist der Himmel offen über uns", sagte Martin Luther in einer Predigt –, begreift man also Gottesdienst von Gott her, so bedarf es gleichwohl der Gemeinde im Gottesdienst, einer Gemeinde, der man es anmerkt, daß der Himmel über ihr offen ist.

Für die Menschen unserer Tage gibt es keine bessere Predigt als eine zum Gottesdienst versammelte Gemeinde. Aber wo findet man heute noch Gemeinde im Sinn einer brüderlichen Gemeinschaft? Wenn die Kirchen leerer werden, dann liegt das oft gar nicht an einem versagenden Pfarrer oder verkümmerten Fehlformen der Liturgie, sondern an der mangelnden Gemeinschaft der Gemeinde. Kaum etwas wird in unseren Tagen so begehrt wie menschliche, bergende Gemeinschaft. Die Zunahme der sogenannten Sekten oder auch talmireligiöser Vereinigungen beweist das. Ein fast banales Beispiel genügt zur Verdeutlichung: Ein Mann muß den Sonntag in einer ihm fremden

Kleinstadt verbringen. Um die Gottesdienstzeit geht er in ein größeres Gebäude, das durch ein Kreuz am Dachgiebel ausgezeichnet ist. So gerät er in den Gottesdienst einer sogenannten Freikirche. Nach dem Gottesdienst redet ihn an der Kirchentür ein Ehepaar an, fragt ihn, ob er hier fremd sei, da man ihn noch nie gesehen hätte, und ob er ihnen nicht die Freude machen wolle, mit ihnen zu Mittag zu essen. Das ist eine ganz unscheinbare Geschichte, die einem freilich nach einem evangelischen oder katholischen Gottesdienst schwerlich widerfahren würde.

Aus Amerika mit seinen für unsere Verhältnisse kaum glaubhaften Zahlen von Kirchenbesuchern kennt man noch ganz andere Geschichten, weil man dort nämlich an mancherlei Orten den Sonntag, den Tag des Herrn, als Gemeinde gemeinsam verbringt. Wer ähnliche Ansätze hierzulande erlebt hat, weiß aus fröhlicher Erfahrung, daß die lebendige Gemeinde selbst zur „Zugnummer" des Gottesdienstes werden kann und eigentlich wohl auch sollte. Wieder in einer kleinen Stadt: Die evangelische Gemeinde hatte eine Woche lang Besuch aus einer spanischen Diasporagemeinde. Die spanischen Schwestern und Brüder hatten sich ausgebeten, nach dem Abschiedsgottesdienst am Sonntag für die gastgebende Gemeinde eine Paella zu bereiten. Da es ein strahlender Sommertag war, schlugen sie vor, das auf dem zur Kirche gehörenden großen Rasen zu tun. Derweil unter freiem Himmel das große Kochen begann, kamen katholische Christen aus ihrem Gottesdienst vorbei, wurden durch Zurufe herzlich eingeladen zu bleiben, und so bahnte sich in unversehens selbstverständlicher

Ökumene ein unwiderstehlich fröhlicher Sonntag christlicher Gemeinde an.
Nicht zufällig sind wir gerade hier ans Erzählen geraten, denn eine Gemeinschaft im Gottesdienst ist nicht viel wert, wenn sie sich nicht in einer ganz schlichten menschlichen Gemeinschaft niederzuschlagen vermag. Die meisten Erörterungen über den Gottesdienst heutzutage unter der geheimen Frage „Warum die Kirchen leerer werden ..." haben etwas Verkrampftes an sich. Niemand denkt mehr daran, daß es die meist sehr verstreuten, vereinzelten, obendrein auch noch verfolgten Gemeinden der jungen Christenheit waren, die für Gottes Offenbarung in Jesus Christus ein Weltreich eroberten und bald auch über dessen Grenzen vordrangen. Darum ist es zwar wichtig, aus den restlichen Kümmerformen evangelischer Gottesdienste wieder die Fülle der schönen, der gelebten Gottesdienste des Herrn aufblühen zu lassen, statt immer noch einer protestantischen, rationalistischen Intellektualisierung von vorgestern zu erliegen und das auch noch für eine Anpassung an den Zeitgeist zu halten – aber wem daran liegt, die Abwanderung aus dem Gottesdienst und vom Tisch des Herrn abzufangen, der sollte die theoretischen Dispute über den Gottesdienst schleunigst einstellen und Sorge tragen, daß wir endlich wieder zu lebendigen Gemeinden kommen, in denen Bruderschaft lebt – und man wird bald sehen, daß das zum Beispiel sehr viel auch mit dem sogenannten Abendmahlsbesuch zu schaffen hat, einer der schlimmsten Blößen evangelischer Gottesdienste.

Hier sollte man doch einmal eine Zahl aus den mannigfachen Erhebungen zur Frage des Gottesdienstes abrufen, eine Zahl, die die kleinste christliche Gemeinde, also die Familie und damit die „gemeindliche Verantwortung“ der Eltern, betrifft. 21 Prozent der befragten Christen in lutherischen Landeskirchen gaben an, daß sie in einem sehr religiösen Elternhaus aufgewachsen seien. Von ihnen gehen heute 33 Prozent jeden oder fast jeden Sonntag zur Kirche. 27 Prozent der Befragten lebten in einem Elternhaus ohne besondere Beziehung zur Religion. Von ihnen gehen nur drei Prozent fast jeden Sonntag zur Kirche. Diese Zahlen aus den religionssoziologischen Untersuchungen im Bereich der Vereinigten Evangelisch-Lutherischen Kirche Deutschlands sind wichtig genug, um daran zu erinnern, wo denn eigentlich die Emigration aus dem Gottesdienst ihre Ursache hat. Protestanten neigten von jeher zu einer übertrieben individualistischen Auffassung vom Glauben, vom geistlichen, vom kirchlichen Leben. Man sagt dann gern, in Sachen des Glaubens müsse sich jeder Mensch ganz persönlich entscheiden. Dieser seltsame, jeder menschlichen Wirklichkeit widersprechende Standpunkt hat zwangsläufig zu einer inneren Aushöhlung und Verkümmerung der Gemeinden geführt. Selbstverständlich ist christlicher Glaube auf die Dauer nicht ohne persönliche Entscheidung möglich. Als bloße Gewohnheit oder übernommene Sitte trägt er nicht. Nur ist der Glaube kein Formblatt, das man eines Tages verbindlich unterschreibt. Er ist hier auf

Erden unter Menschen nur vollziehbar als gelebter Glaube, und Leben lernt man nun einmal in menschlicher Gemeinschaft, in der Familie zunächst. Wenn aber die vom Glauben geprägte christliche Familie, die „Hauskirche“, mehr und mehr ausfällt, dann braucht man nicht umständlich zu fragen, warum die Kirchen sich leeren.

Wie es dem Kind ergeht in der Familie, so ergeht es dem heranwachsenden jungen Menschen und dem Erwachsenen in seiner menschlichen Umwelt. Wenn ihm dort christliche Gemeinde nicht mehr lebendig und konkret begegnet, leeren sich zwangsläufig die Kirchen. Deshalb müßte heute die Gemeinde in ihrer Art, Glauben zu leben, die vordringlichste Predigt der Christenheit werden. Das kann freilich nicht geschehen, wenn der gelebte, offen zugängliche, einladende und für jedermann nachprüfbare Glaube der Gemeinde sich auf eine einzige Stunde am Sonntagmorgen einschränkt. Und was findet denn der landläufige, also von der Kirche weithin abgekommene Mensch während dieser einen Stunde vor? Mit Verblüffung nimmt er wahr, daß da im Gottesdienst Menschen sitzen, die sich meist nicht einmal zu kennen scheinen, die kein Zeichen der Gemeinschaft finden und nach der einen Stunde auseinanderlaufen, als wäre da im Gotteshaus so gut wie nichts geschehen. Die Christen müssen wissen, daß ihre Gottesdienste, eine Stunde lang in der Woche, für die Menschen von draußen, für die der Kirche Entwöhnten Mesopotamien sind, barer Unfug womöglich, nämlich die Torheit des Evangeliums. Nachdenklich könnten die Menschen von draußen erst werden, wenn sie innerhalb des Gotteshauses zu ihrer Überraschung eine Gemeinschaft anträfen, wie sie sie sonst nicht kennen.

Die Reform oder, zutreffender gesagt, die Neubelebung des Gottesdienstes stößt allemal ins Leere, solange sie sich nicht in neubelebten Gemeinden vollzieht. Auf sie zuerst richtet sich der Blick der Abtrünnigen, sogar auch der Gleichgültigen und Neunmalklugen. Dabei darf man unter der Gemeinde gewiß nicht den Klub der „Frommen“ verstehen, die irgendwo ein Reservat gepachtet haben, in das sie sich dann und wann zur Bestätigung ihrer Frömmigkeit zurückziehen aus der argen Welt. Wie es mit einem wahren Christenleben hier und heute mitten in der Welt zugehen sollte, hat der ehemalige anglikanische Erzbischof von Canterbury, Arthur M. Ramsey, in seiner Schrift „Geistlich und weltlich“ zum Schluß fast unscheinbar zu sagen versucht: „Lassen Sie mich mit einem Phantasiegebilde schließen. Nehmen wir an, wir Christen verwirklichten auf eine echtere Weise unsere Aufgabe gegenüber einer verweltlichten Gesellschaft. Was würde dann ein guter, anständiger Säkularist oder Humanist über uns sagen? Vielleicht folgendes: Diese Christen verhalten sich doch ziemlich anders, als ich es mir bisher vorgestellt habe. Sie interessieren sich für die gleichen Dinge wie wir; sie kümmern sich um sie, teilen sie mit uns, und sie verstehen etwas davon. Sie halten uns keine Moralpredigten über das, was sie bei uns für falsch halten. Aber indem sie sind, was sie sind, fangen wir an zu spüren, daß bei uns etwas nicht stimmt. Sie sind mitten unter uns, wir arbeiten zusammen. Sie sind tüchtig, und es ist ihnen an den Dingen offensichtlich etwas gelegen. Aber – sie kommen bei alldem zu einem anderen Ergebnis als wir, zu etwas, das uns nachdenklich macht ..."

Viele Menschen unserer Tage fangen an zu spüren, daß mit ihnen etwas nicht stimmt, viele Menschen werden nachdenklich. Es fragt sich nur, wohin sie dann gehen; zur Kirche jedenfalls kaum, das liegt offen zutage. Bischof Ramsey stellt dann noch die Frage, worin denn eigentlich dieses andere bestehe, „das die Christen in der Vergangenheit immer wieder in die Welt gebracht haben". Seine Antwort auf diese Frage wirkt nun allerdings nicht mehr fast unscheinbar: „Ich glaube, dieses andere meint drei Dinge, und jedes ist ganz erdnah und gleichzeitig ein unmittelbares Ergebnis der jenseitigen Erfahrung der Christenheit. Das erste ist die Ehrfurcht vor dem Menschen, da er für eine Ewigkeit mit Gott bestimmt ist. Das zweite eine Art himmlischer Heiterkeit, die imstande ist, dem Leiden seinen Stachel zu nehmen. Und schließlich ist es die Demut eines Menschen, der die Gegenwart Gottes wirklich erfahren hat."

Erst hier kommt die schlimmste Antwort zum Vorschein auf die Frage, warum die Kirchen sich leeren. Das hat nämlich auch und vielleicht sogar vornehmlich etwas mit der schwindenden Glaubwürdigkeit der Christen zu tun. Man glaubt ihnen oft nicht mehr, daß sie glauben, zum Beispiel an die jenseitige Erfahrung der Christenheit, zum Beispiel an die Ewigkeit mit Gott, zum Beispiel an die Gegenwart Gottes, die man „wirklich erfahren" könnte.

Und wo ist eigentlich die himmlische Heiterkeit geblieben, im Gottesdienst oder im Leben der Gemeinde? Sie würde ohne angestrengte Experimente jede Kirche füllen, denn nichts wäre in unserer grimmigen Zeit so ansteckend wie ein Hauch himmlischer Heiterkeit. Wo sie nicht lebt und die Gotteshäuser erfüllt, da wird für den Zeitgenossen der Glaube „fragwürdig".

Nun gibt es heute viele, oft sehr liebenswerte Christenmenschen, die einen bekümmert fragen, woher sie denn diese himmlische Heiterkeit nehmen sollen in einer Welt, in der nichts seltener geworden ist als Heiterkeit. Solche Anfragen deuten darauf hin, daß auch Christenmenschen heutigen Tages den „Himmel über den Himmeln" aus ihrem Sinn verloren haben, also diese arge Welt für endgültig halten und nichts mehr wissen von dem Zelten hier auf Erden. Gerade diese letzte Unabhängigkeit von der Welt aber – ganz zu schweigen von der Erlösung, von der radikalen Vergebung der Sünden – würde, wenn wir sie nur lebten, nicht nur himmlische Heiterkeit hervorrufen, sondern die Menschen unserer Zeit in jenes Erstaunen versetzen, das die jungen Christengemeinden unter ihren Zeitgenossen auslösten. „Fragwürdig" wird der Glaube überall dort, wo man die Erlösung aus den Kümmernissen dieser Welt zwar predigt, im Choral singt und im Bekenntnis bekräftigt, aber nicht ausstrahlend zu leben vermag. Ein Gottesdienst ohne eine spürbare himmlische Heiterkeit ist kein Gottesdienst. Daher stammt übrigens, um ein äußeres Zeichen zu bemühen, der immer einmal wieder aufflackernde (sonderlich von Kindern empfundene) Widerstand gegen den schwarzen Talar der evangelischen Pastoren. Ostern feiert man nicht in Schwarz, doch sollen unsere Gottesdienste zu jeder Zeit Widerschein des Ostertages sein.

Aber was hilft es, die himmlische Heiterkeit zu berufen, während ihr Grund bröckelt? In ihren Gottesdiensten sprechen die Christen zwar gemeinsam das Apostolische oder das Nizänische Glaubensbekenntnis, aber mit inneren Vorbehalten, wie man spürt. Sie sprechen es eher wie eine Litanei. Hält man eigentlich jene Menschen, die nicht mehr zur Kirche kommen, für so dumm, daß sie das nicht merken? Darum ist die Krise des Gottesdienstes auch und ganz gewiß eine Glaubenskrise. In den Predigten, nicht selten auch in den „freien Gebeten" der Pfarrer, wird dann noch ein übriges getan, die Glaubwürdigkeit der christlichen Gemeinde zu unterwühlen. Wie ist es möglich, daß jener evangelische Pfarrer Paul Schulz in Hamburg Gott und Christus leugnet, dabei von der gleichen Kanzel seinen Bischof zur Ordnung ruft, weil der den lebendigen, persönlichen Gott verkündigt, und mit solcher Widerrede gar noch das Gotteshaus füllt, statt schlicht und ehrlich jene Kirche zu verlassen, deren Gottesdienste mit dem Anruf beginnen: „Im Namen des Vaters, des Sohnes und des Heiligen Geistes"? Wie stellt man sich eigentlich in seinem pluralistischen Wahn vollere Kirchen vor, wenn der eine Gottesdienst hier den anderen Gottesdienst dort aus den Angeln hebt, wenn sich die Pfarrer in ihrer „Verkündigung" diametral widersprechen und „protestantisch" ihren Bischof schelten?

Nun gibt es aber auf die Frage, warum die Kirchen leerer werden, noch eine ganz andere, anscheinend paradoxe Antwort. Die christliche Gemeinde feiert viel zu wenige Gottesdienste. Nicht von ungefähr hieß früher jener eine Gottesdienst am Sonntagmorgen Hauptgottesdienst. Er war, wenn auch hervorgehoben, einer unter manchen anderen Gottesdiensten während der Woche. In den Thesen des Theologischen Konvents Augsburgischen Bekenntnisses heißt es zur Frage des Gottesdienstes heute: „Der Gottesdienst grenzt sich ein auf eine knappe Stunde am Sonntag früh; er prägt nicht mehr den Alltag, so wird er auch seinerseits nicht mehr von unserem alltäglichen Leben durchpulst. – Die knappe Stunde am Sonntagvormittag kann nicht wiedergutmachen, was am Alltag versäumt wurde. – Der Sonntagsgottesdienst heute ist überfordert. In der alten Kirche und noch in der Reformationszeit war er eingebettet in die häuslichen wie gemeindlichen Gottesdienste am Alltag." Würden die Gemeinden auf solche Gottesdienste wieder zurückgreifen, dann käme rasch an den Tag, wie reich die Christenheit an gottesdienstlichen Formen ist. Man braucht da nur hineinzugreifen in die Fülle eines einst fortwährenden gottesdienstlichen Lebens.

Nun sagen uns die Pastoren, zu derlei „Nebengottesdiensten" kämen meist nur wenige Menschen. Das mag so sein, aber die jungen Christengemeinden einst, von denen die Offenbarung des Evangeliums ausstrahlte in alle Welt, waren auch nur ein winziges Häuflein. Das besagt nichts, zumal der Gottesdienst nicht von der Zahl der Menschen, sondern von Gott lebt, dem die Christen nicht mehr viel zuzutrauen scheinen. Es ist auch notwendig, die Sache mit dem nur noch einen Gottesdienst von den Menschen der Gegenwart her zu sehen. Da stehen allenthalben in Städten und Ortschaften, erst recht in neuen Wohnsiedlungen Gotteshäuser. „Bewohnt“ werden sie in der Regel einmal während der Woche für eine einzige Stunde. Das aber heißt, daß in diesen oft recht stattlichen, aufwendigen Häusern gar nicht gelebt wird, sie also nicht gerade anziehend sind. Ein Haus ohne Leben taugt nichts. Es hat, wie man heute sagt, keinen Sitz mehr im Leben. Es ist überflüssig geworden, und sogar gläubige Christen meiden es, weil ihnen der eine Gottesdienst am Sonntagmorgen wegen der Predigten des Pfarrers oder wegen der „Gestaltung des Gottesdienstes“, die man früher Liturgie, und zwar verbindliche Liturgie nannte, nicht zusagt. Andere Möglichkeiten, Gottesdienste zu feiern, haben sie aber in ihrer Kirche nicht, kein Stundengebet, keine Abendandacht, keine Verknüpfung ihres alltäglichen Lebens mit dem Gottesdienst.

Der evangelische Theologe Professor Martin Fischer hat einmal vor der Berliner Synode gesagt: „In kritischen Zeiten der Kirche ist allein auf den Gottesdienst Verlaß und auf die gottesdienstliche Gemeinde.“ Das ist es, was man heute besonders in der evangelischen Kirche nicht begreifen will. Ohne gottesdienstliche Gemeinde hat es noch niemals eine christliche Erweckung gegeben. Indem schwindender Gottesdienstbesuch beklagt und demoskopisch analysiert wird, will man nicht sehen, daß sich die

Kirchen ohne eine wahrhaft gottesdienstliche Gemeinde nicht füllen können. Bislang ging man genau den umgekehrten, den falschen Weg. Man versuchte, den Gottesdienst den Zeitgenossen schmackhaft zu machen, ihn dem sogenannten Zeitgeist anzupassen. Darauf haben die Zeitgenossen nur ganz vorübergehend, und auch da nur sehr sporadisch reagiert. So hat sich die christliche Gemeinde vielerorts ihren wahren Gottesdienst – die schönen Gottesdienste des Herrn, wie König David es sagte – abschwatzen lassen. Es wird höchste Zeit, zu den Gottesdiensten des Herrn zurückzukehren und es ihm – nicht unserer Demoskopie – zu überlassen, ob die Gotteshäuser sich dann wieder füllen.

Heinz Beckmann

Aus der Reihe **Texte + Thesen**

1 Otto B. Roegele
Die Zukunft der Massenmedien

2 Erwin K. Scheuch
Haschisch und LSD als Modedrogen
Wunschdenken und Tatsachen

3 Golo Mann
Von Weimar nach Bonn
50 Jahre deutsche Republik

4 H.-J. Wasserburger
Wieviel Tier ist der Mensch?
Vergleichbare Verhaltensweisen

5 Rolf Geyer
Entspannung: Neutralität · Sicherheit

6 Anton Böhm
Ost – West Konfrontation oder Koexistenz?

7/8 Gerd Krämer
Wie fern ist uns Olympia?

9 Herwig Gückelhorn
Inflation – Schicksal oder Schuld?

10 Otto Gritschneder
Ehescheidung in der Reform
Eine kritische Dokumentation

11 Karl-Theodor Frhr. zu Guttenberg
Die neue Ostpolitik
Wege und Irrwege

12 Eduard Verhülsdonk
Logenplatz im Universum
Eine kosmische Standortbestimmung

13 Helmut Schoeck
Ist Leistung unanständig?

14 Hans Ludwig Zankl
Image und Wirklichkeit

15 Helmut Kohl
Hausputz hinter den Fassaden
Praktikable Refomen in Deutschland

16 Anton Böhm
Die Lage der Nation – moralisch

17 Nicolaus von Grote
Stimmen aus dem sowjetischen Untergrund

18 Pascual Jordan
Wie frei sind wir?
Naturgesetz und Zufall

19 Heinz Heckhausen
Begabungsentfaltung für jeden

20 Fritz Neef
Industriegesellschaft ohne Unternehmer?

21 Harald Steinert
Unser Planet Wasser
Schatzkammer der Menschheit?

22 Hans Maier
Zwischenrufe zur Bildungspolitik

23 Otto B. Roegele, Hrsg.
Kleine Anatomie politischer Schlagworte

24 Hans Georg Wunderlich
Mensch und Erde
Gefahr und Chance der Evolution

25 Helmut Swoboda
Hat die Zukunft eine Zukunft?
Vom Wachsen in einer endlichen Welt

26 Winfried Schlaffke
Akademisches Proletariat?

27 Joseph Meurers
Wissen nährt Nichtwissen
Naturforschung heute

28 Helene Schreiber
Kommt der Realismus wieder?
Zur Kunst der Gegenwart

29 Horst Wetterling
Ist Autorität unmenschlich?

30 Helmut Schelsky
Friede auf Zeit
Die Zukunft der Olympischen Spiele

31 Peter Dittmar
Gelbe Gefahr – Rote Gefahr?
China zwischen Buchweisheit und Klassenkampf

32 Wolfgang Kuhn
BiologischerMaterialismus
Der Mensch ist keine Maschine

33 Heinz Beckmann
Hat das Theater ausgespielt?

34 Hugo Andreae
Berufsbildung – Bildung der Beherrschten?

35 S. v. Malewsky-Malewitsch
Auf Marx wird Rabatt gegeben
Sowjetalltag bei Licht besehen

36 Hans Maier
Die Grundrechte des Menschen im modernen Staat

37 Helmut Schoeck
Umverteilung als Klassenkampf?
Zur Politik und Psychologie der Vermögensbildung

38 Klaus Hoff
Wie modern ist konservativ heute?

39 Hans J. Fahr
Raumzeitdenken – Zwangsvorstellung Unendlichkeit

40 Otto B. Roegele
Medienpolitik – und wie man sie macht

41 Rudolf Rohlinger
Die überschätzte Kamera
Fernsehen – nahbesehen

42 Peter Coulmas
Radio ohne Zukunft?
Wiederkehr und Wandel eines Mediums

43 Otto B. Roegele, Hrsg.
Das dritte Alter
Abgeschrieben oder aufgewertet?

44 Josef Hitpass
Radikale Minderheit – Schweigende Mehrheit
Zur Verhaltensgestalt der studentischen Jugend

45 Heinz Pentzlin
Die Kinder des Wohlstands
Herausforderung der Jugend?

46 Horst Jürgen Helle
Familie –
Zwischen Bibel und Kinsey-Report

47 Lothar Bossle
Das Gewissen in der Politik

48 Thomas Nipperdey
Konflikt – Einzige Wahrheit der Gesellschaft?
Zur Kritik der Hessischen Rahmenrichtlinien

49 Heinz-Dietrich Ortlieb
Vom Volkskapitalismus zur Playboy-Demokratie

50 Hans Schaffner
Die Multinationalen – Ausbeuter oder Triebkraft der Weltwirtschaft?

51 Erwin K. Scheuch
Kulturintelligenz als Machtfaktor

52 Wolfgang Längsfeld
Ästhetik im Alltag
Über die sinnliche Qualität der Dinge

53 Botho Kirsch
Kalter Friede – was nun?
Die Konfliktstrategie der Sowjets

54 Bahro, Becker, Hitpass
Abschied vom Abitur?
Hochschulzugang zwischen Numerus clausus und Massenbildung

55 Erich Gysling
Magnetfeld der Ungleichen: Amerika – Europa

56 Werner Betz
Aufs Maul geschaut
Deutsch – wie es wurde und wirkt

57 Theo M. Loch
Interdependenzen
Wer hängt von wem ab?

58 Hans Speier
Witz und Politik
Essay über die Macht und das Lachen

59 Joachim Illies
Nicht Tier, nicht Engel
Der Mensch zwischen Natur und Kultur

60 Kurt Reumann
Blick ins Innere: Berichte von der akademischen Front

61 Friedr. Graf von Westphalen
Wird die Justiz unterwandert?
Der Ruf nach dem politischen Richter

62 Guido Fischer
Der Betrieb: Institution menschlicher Ordnung

63 Hermann Boventer
Gebt uns die totale Schule
Pädagogik als Allmachtstraum

64 Franz Aschinger
Welt ohne Geldsystem?
Die internationale Währungs- und Finanzlage

65 Michael Braunfels
Die Krankheit der verwalteten Musik

66 Werner Betz
Sprachkritik – Das Wort zwischen Kommunikation und Manipulation

67 Joachim Illies
Adolf Portmann, Jean Gebser, Johann Bachofen
Drei Kulturforscher – Drei Bilder vom Menschen

68 Hermann Lübbe
Unsere stille Kulturrevolution

69 Hans Maier, Hrsg.
Denkmalschutz
Internationale Probleme – Nationale Projekte

70 Hanno Helbling
Dauerhaftes Provisorium – Kirche aus der Sicht eines Weltchristen

71 Otto Gritschneder
Für Seelenschmerz bezahlen . . .
Aufsehenerregende Gerichtsfälle

72 Willi Schickling
Rückwärts mit dem Fortschritt: Wieviel Experimente verträgt die Wirtschaft?

73 Pascual Jordan
Aufbruch zur Vernunft
Ein Naturforscher zur deutschen Besinnung

74 Heinz–Dietrich Ortlieb
Was wird aus Afrika?
Rassismus
Neo-Kolonialismus
Entwicklungshilfe

75 Max Müller
Sinn–Deutungen der Geschichte
Drei philosophische Betrachtungen zur Situation

76 Alfons Rosenberg
W. A. Mozart –
Der verborgene Abgrund

77 N. Lobkowicz/A. Hertz
Am Ende aller Religion?
Ein Streitgespräch

78 Walter Kerber, Hrsg.
Wohlstands–Kriminalität
Die neue Herausforderung

79 Dalma, Rovan, Razumovsky, Vermehren, Ramseier
Euro–Kommunismus
Italien, Frankreich, Jugoslawien
Spanien, Portugal

80 Hans Maier
Sprache und Politik
Essay über aktuelle Tendenzen – Briefdialog mit Heinrich Böll

81 Christa Meves
Antrieb – Charakter – Erziehung
Werden wir ein Volk von Neurotikern?

82 Otto B. Roegele/ Heinz Beckmann
Warum unsere Kirchen leerer werden . . .

83 Gerhard Wettig
Der Kampf um die freie Nachricht

84 Hermann Lübbe
Wissenschaftspolitik
Zwischen Planungszwang und Forschungsfreiheit

85 Heinz Pentzlin
Arbeitslos – Los der Zukunft?
Wie Vollbeschäftigung zu sichern ist

86 Armin Hegelheimer/ Michael Zöller
Wider die kranke Reform:
Ordnungspolitik für Bildungswesen und Arbeitsmarkt

87 Gerhard Schult
Fernsehprogramme – programmiertes Fernsehen?
Ermittelt am Beispiel: Regionalprogramme

Die Reihe wird fortgesetzt – Fordern Sie Sonderprospekte an:

Edition Interfrom AG · Zürich
Vertrieb für die Bundesrepublik Deutschland:
Verlag A. Fromm · Osnabrück